KB123350

수촌 박영석의 삶과 학문

수촌 박영석의 삶과 학문

초판 1쇄 인쇄 2024년 6월 5일
초판 1쇄 발행 2024년 6월 15일

엮은이 박주·박환
펴낸이 윤관백
펴낸곳 선인
등 록 제5-77호(1998.11.4)
주 소 서울시 양천구 남부순환로 48길 1(신월동 163-1) 1층
전 화 02)718-6252/6257 | **팩 스** 02)718-6253
E-mail sunin72@chol.com

정 가 20,000원
ISBN 979-11-6068-895-5 93990

수촌 박영석의 삶과 학문

박주·박환 엮음

선인

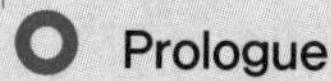

스승이자 동학이었던 아버지 박영석

박영석은 경북 청도출신으로 독립운동사 연구의 1세대를 대표하는 역사학자 가운데 한사람이다. 그는 고려대학교에서 학부논문으로 동학을, 석사논문으로 만보산사건을, 경희대학교에서 만보산사건연구로 박사학위를 받았다. 일찍이 1930년대에 만주지역에서 있었던 만보산사건을 연구함으로써. 한국사의 범주와 시대를 보다 확장하고 넓히는데 기여하였다고 볼 수 있다. 특히 일본제국주의를 둘러싼 한국, 중국, 일본의 관계를 깊이 있게 천착함으로써 한국사를 보다 거시적이고, 입체적으로 살펴보았다. 또한 일본제국주의의 대륙침략정책 속에서 만주지역의 한인문제를 살펴봄으로써 더욱 흥미를 자아내기도 하였다.

박사학위를 한 뒤에는, 만주지역의 한인독립운동사를 본격적으로 연구하기 시작하였다. 아울러 미개척분야인 러시아, 미주 등 해외독립운동사를 체계화하기 위해 노력하였다. 특히 1990년대 한국과 러시아, 중국과의 국교수교가 이루어진 이후에는 중국본토, 만주, 러시아, 중앙아시아 지역 등

독립운동의 현장과 한인 디아스포라의 대표적인 지역들을 답사하며 학문적 깊이를 더하였다. 그러한 가운데 해외지역에 산재해 있는 독립운동자료들을 수집하는 한편, 답사기를 작성하여 소개하고, 카자흐스탄 크질오르다에서 지금까지 잊혀졌던 홍범도장군의 사진을 발견하여 학계에 보고하는 등 활발한 연구를 진행하였다.

또한 만주지역의 농장, 한인마을, 대종교독립운동, 독립군 병사 이우석 연구, 석주 이상룡 연구, 토지상조권문제 등에 대한 연구를 진행함으로써, 그동안 등한시 하였던 잊혀진 독립운동의 토대와 영역을 새롭게 개척하였다. 특히 나철, 김교헌, 윤세복 등 대종교인의 독립운동사 및 석주 이상룡은 박영석에 의하여 처음으로 알려지게 되었다. 또한 만주지역의 독립운동과 상해 임시정부의 연결고리로 서간도대표의 상해국민대표회의 참석, 석주 이상룡의 임시정부 국무령임명 등을 천착함으로써 입체적으로 정리하고자 하였다.

특히 학계에서 이루어지지 못했던 만주, 러시아, 중앙아시아, 유럽, 미국, 멕시코 등 현지 답사를 진행하여 발로 뛰는 역사학자의 전범이 되었다. 아울러 생존 독립운동가들과의 구술작업도 개척적으로 진행하였고, 동북아시아 속에서 한국사를 바라보고자 하였다. 이와 함께 자료로서 그동안 등한시 한 사진과 지도의 중요성도 강조하였다. 그의 서재에는 지금도 중국사, 일본사 등 주변 국가들의 책자 및 지도, 녹음자료들이 다수 있음을 통해 이 분야에 대한 그의 열정을 짐작해 볼 수 있다.

박영석이 이처럼 독립운동사연구에 매진한 이유는 무엇일까, 이 해답의 일부를 그의 저서『민족사의 새 시각』(탐구당, 1986) 서문에서 찾아볼 수 있을 것 같다.

제2차 세계대전이 점차 끝나가고 일제가 한국에서 갖은 악랄한 수탈정책으로 마지막 안간힘을 쓰고 있을 무렵, 초등학교에 다니던 나는 당시 일본제국주의와 군국주의, 그리고 부일세력들에 대한 모든 죄악상을 직접 보고 체험하며 자라났다.

1945년 8월 15일 드디어 조국이 광복을 맞이하던 날, 전국방방곡곡에서는 독립만세소리가 진동하였고, 온 국민들은 경사를 맞아 미래에 대한 희망으로 부풀어 있었다.

그러나 이러한 기쁨도 잠시였고, 곧 외세에 의하여 국토는 남북으로 분단되어, 각각 미, 소에 의한 군정이 실시되었던 것이다. 아울러 한민족 자체 내에서 일어난 정치적 혼란과 사상적 대립으로 인해 민족의 시련은 그칠 줄 모르고, 일층 더해갈 뿐이었다. 그리고 통일주체세력이 형성되지 못한 가운데, 반민족주의자에 대한 정리문제도 완결되지 못한 상태였다. 광복이후 우리 민족이 직면했던 여러 가지 문제 중에서도 이 반민족주의자들에 대한 정리문제는 민족정기와 관련하여 볼 때, 특히 주목되는 것이었다.

조국의 광복과 아울러 민족의 해방은 한민족이 주체가 되어 전개한 민족독립운동에 의해 이루어진 것이었다. 이러한 인식을 한민족 전체가 가져야 하며 또 여기에 대한 강한 긍지가 있어야만 하는데도 불구하고 많은 사람들은 한국의 독립이 연합국의 승리에 의한 것이라고 생각하고 있으니 참으로 안타까운 실정이다. 조국광복에 대한 인식에서 뿐만 아니라, 정치 경제 사회 문화 군사 등 모든 면에서 아직까지도 일제의 잔재가 뿌리 깊게 남아 있다. 이것을 우리는 말끔히 청산해야 하며, 해방이후 반민족주의자에 대한 정리가 중요하다는 것도 바로 이러한 관점에서 이해될 수 있을 것이다.

이와 관련하여 필자는 식민사관의 극복에 관심을 갖게 되었다. 또한 민족의 발전을 위해서는 한민족 자체에 대한 자랑만 일삼을 것이 아니라 민족운동사에 대한 객관적 인식과 더불어, 우리 민족이 직면하고 있는 문제들에 대한 깊은 자성, 그것을 해결할 수 있는 방법의 모색 등이 무엇보다도 필요하다고 절감하게 되었다.

한편 박영석은 영남대학교, 건국대학교 사학과 교수 등을 역임하며 수많은 제자들을 양성하였다. 아울러 최장수 국사편찬위원장으로서 한국사의 발전을 위하여도 기여한 바가 적지 않다. 그 외 한국민족운동사학회 회장 등을 역임하며 학회발전을 위해서도 공헌하였다. 또한 자녀들도 다수 역사학자로 양성하여 한국사, 동양사, 서양사 등 다양한 분야에서 활동하도록 하였다.

박영석은 개인적으로는 불행한 소년시절을 보냈다. 선친 박장현이 그의 나의 9세 때인 32세에 요절하였기 때문이다. 박영석의 어린 시절은 항상 아버지에 대한 그리움이었다. 결국 아버지에 대한 그리움은 그가 역사학도가 되게 하였다. 역사학도가 된 후 아버지의 글들을 정리하여 『중산전서』로 간행하였고, 이어 『국역중산전서』도 간행하였다.

한평생 아버지 박장현은 박영석의 생의 원천이자 열정의 원동력이었다. 박영석의 언행은 모두 아버지 박장현에서 출발하였다. 엮은이가 가까이서 지켜본 박영석은 아버지 박장현교의 신자?였다. 항상 아버지를 그리워하며, 아버지의 학문세계를 이해하려고 노력하였고, 아버지의 못다한 뜻과 꿈을 실현하고자 하였다. 박영석은 바로 박장현의 분신이라고 할 수 있다.

아울러 박영석의 역사관은 아내 김외태의 조상인 탁영 김일손의 역사정신에 기반을 두고 있다. 출생지인 경북 청도군 이서면 수야동 뒷산에는 탁영의 묘소가 위치하고 있었다. 또한 마을 인근에는 탁영을 추모하는 자계서원도 있어 항상 마음으로 탁영선생의 역사정신을 흠모하였던 것이다.

박영석은 17년 반이라는 긴 세월 동안 투병생활을 하였다. 병석에 있으면서도 끊임없이 아버지를 그리워하고, 아버지의 저서인 중산전서의 국역과 교열에 열중하였다. 아울러 탁영 김일손의 역사정신과 도학정신을 견지하고자 노력하였다.

이제 박영석이 떠난 지도 벌써 여러 해가 흘렀다. 후손으로서 아버지의 신변을 정리하다 보니 선친이 자신의 책자에 담지 못한 글들이 산견되었다. 이에 한국사 전공자인 자녀 박주, 박환 등이 이를 정리하고 글을 보태고, 형제, 가족들의 자문과 도움을 얻어 책자 간행을 결심하였다. 다만 추모집 형태를 지양하고 100년을 이어온 역사가 집안답게 역사연구자, 특히 독립운동사 연구자로서의 박영석에 초점을 맞추고자 하였다. 이 책이 20세기를 살아간 한 역사학자를 사학사적으로 자리 매김하는데 도움이 되기를 기대하기 때문이다.

이 책의 1부는 박영석의 연구업적을 객관적으로 평가 서술하고자 하였다. 2부에서는 대표적인 사회적 기여인 국사편찬위원회 활동을 회고를 중심으로 밝혀보고자 하였다. 3부에서는 역사학자가 되기까지의 원동력이 된 문중과 가계를, 4부에서는 삶의 자취를 연보, 저작, 사진, 유묵 등을 통하여 보여주고자 하였다.

책자간행에 물심양면으로 도와주신 큰 자형 임문혁교수, 큰 누나 박주교수께 우선 감사의 인사를 드리고 싶다. 두분의 결단으로 아버님에 대한 저서 간행과 집안 자료 정리의 토대를 마련할 수 있었다. 특히 박주교수는 엮은이의 한 사람으로 책자의 전체적인 틀과 모양새에 대한 지도편달과 아버지의 처가 탁영 김일손에 대한 원고를 제공해 주셨다. 이 자리를 빌어 깊은 감사를 드린다.

작은 자형인 황종환교수, 작은 누나 박옥 서양화가도 항상 격려와 배려를 아끼지 않았다. 아울러 서양사 전공자인 박단, 신행선 교수부부, 동양사 전공자인 박강, 서은미 교수부부 등도 원고의 제목, 목차, 내용 등에 대하여 질정과 교시를 하여 주었다. 박영석의 외손자인 임정균(부인 이한나), 외손녀인 임혜균, 황예영, 황서영, 손녀인 박경(남편 서완석), 박영, 박윤, 손자인 박찬, 박현, 박혁의 응원에도 고마운 마음을 전하며, 할아버지의 뜻과 마음을 기억해 주길 바란다. 묵묵히 작업을 지켜 보아준 아내 김신영에게도 감사의 인사를 드린다. 그리고 아버지의 영남대학교 사학과 제자로 말벗이 되어주신 설재규 형님의 고마움도 잊을 수 없다. 또한 원고의 큰 틀을 보아주신 유대성 대표, 어려운 상황 속에서도 출판을 쾌히 허'락해 주신 도서출판 선인의 윤관백 대표와 박애리 실장을 포함한 편집진들께도 감사의 인사를 전한다.

어머니 김외태의 만수무강을 기원드리며, 이 책을 큰 누나 박주교수를 비롯한 여러 형제들, 가족과 후손들과 더불어 역사학자 박영석의 영전에 바칩니다.

2024. 5. 문화당에서

엮은이를 대표하여 박 환

제3부 역사가의 연(緣), 문중과 가계 101

제4부 역사가의 생(生), 기억과 기록 203

제 1 부

역사가의 업(業), 학문적 성취와 기여

1

박영석의 평생 화두 '만주한인독립운동사'[*]

독립운동사연구 외길

박영석은 윤병석, 김창수, 조항래, 조동걸, 이현희, 강덕상, 박창욱, 신용하 교수 등과 함께 한국독립운동사연구를 개척한 1세대라고 할 수 있다. 이들은 1970년대 독립운동사 연구를 시작하여 1990년대까지 어려운 여건 속에서 운동사를 개척, 정립한 학자들이다.

그 가운데 박영석은 지역적으로는 만주, 시기적으로는 1910년부터 1930년대, 주제별로는 재만동포들의 사회경제사, 일제의 대륙침략사인 만보산사건을 시작으로 하여 만주지역의 독립운동사를 체계화하는데 기여하였다. 특히 1931년에 발발한 만보산사건의 연구는 최초의 연구로서 주목받아 일본 등지에서도 책자가 번역, 간행되기도 하였다.[**] 아울러 만주지역 재

* 박영석의 연구성과는 박환, 『한국독립운동사의 반성과 과제』, 국학자료원, 2023을 참조하여 작성하였다.

** 朴永錫, 『万宝山事件研究－日本帝国主義の大陸侵略政策の一環として－』, 第一書房, 1981.

만한인 농촌사례연구, 석주 이상룡 연구, 김교헌 등 대종교 연구, 한 독립군 병사 이우석 연구, 만주독립운동단체들을 공화주의, 복벽주의 등 이념별로 나누어 밝히는 연구 등은 학계의 연구 영역을 확장하고 다양화 하는데 큰 기여를 하였다. 국민대표회의 연구, 석주 이상룡의 임시정부 국무령 임명관련 연구 등은 상해 임시정부와 만주지역 독립운동단체들의 상호관계를 밝히는데 공헌하였다. 즉, 박영석은 만주지역 한인사회와 독립운동을 개척, 연구, 심화하는데 기여한 1세대 독립운동사연구 학자라고 평가할 수 있을 것이다.

박영석의 대표적인 연구 성과는 만보산사건과 만주지역 한인독립운동사라고 할 수 있다. 전자는 1969년 고려대학교 사학과 석사학위 논문 〈만보산사건연구〉에 이어, 경희대학교 박사학위 논문 〈萬寶山事件에 관한 硏究-日帝大陸侵略政策의 一環으로-〉를 정리하여 간행한 『만보산사건연구』(아세아문화사, 1978)이고, 후자는 『한민족독립운동사연구-만주지역을 중심으로』(일조각, 1982), 『일제하독립운동사연구』(일조각, 1984), 『재만한인독립운동사연구』(일조각,1988), 『만주지역 한인사회와 항일독립운동』(국학자료원, 2010).『화사 이관구의 생애와 민족독립운동』(선인, 2010) 등을 들 수 있다.

박영석의 연구 메모

박영석이 1980년대 초에 작성한 자신의 신조와 연구계획이 담긴 수첩이 남아 있다. 이를 통해 연구자의 삶의 일단과 연구계획을 짐작해 볼 수 있을 것 같다.

〈1982년도-1983년도까지 계획〉

1. *1982년도까지 논문 나온 것을 전부 종합하여 수정, 보완하여 책을 냄(만주지역 한국독립운동사연구, 한인사회의 항일독립운동사연구, 한민족독립운동사연구)*
2. *부친문집출판(준비기간)　　　　역사편, 일반문집편, 내 자신도 공부하고, 전문가와 함께-이우성, 이익성, 이진영, 책을 잘 낼 것, 가계가 달렸다는 것*
3. *강의(좋은 강의) 역점*
4. *건강*
5. *논문 1편만(1년 동안)*
6. *인격도야(역점)*

〈1980년대의 신조〉

- *학자적인 자세를 절대 견지한다*
- *꾸준히 노력한다*
- *비례물언 비례물동*
- *강한 자존심과 강한 자부심을 갖는다*
- *정치적인 발언과 학교에 대한 발언을 금지한다*
- *스스로 노력해서 해결하려는 방향으로 한다*
- *타인의 장점 이외에 말하지 않는다*
- *부탁을 가급적 하지 않는 방향으로 하고 부탁을 받지 않는다.*
- *연구논문과 수업(사전준비)을 철저히 한다(학자의 생명이 여기에 있다는 것을 자각해야 한다)*
- *신념에 찬 학자, 연구하는 학자, 인격을 갖춘 학자, 무언(과묵한)의 학자, 예의 있는 학자.*
- *모친에게 효도하고, 가정에 화목하고, 본인은 물론이고 가족의 건강에 절대 유의한다*
- *금전을 절약하고, 금전, 술, 담배에 주의(조심)한다.*
- *고독을 극복하고 은자생활에서 내실 즉, 실력을 양성하는데 최대 노력을 경주*

한다

- 타인의 말을 듣는데, 시종일관하고, 자기의 의견을 표시하지 말고, 스스로 판단하여 행동을 결정한다.
- 모든 일에 지구력으로서 극복하여 승리한다
- 타인에게 오해받을 일을 하지 말고, 단시일에 해결하려고도 하지 말고, 절대로 웃지도 말고, 화도 내지말고, 냉철하게 행동하고, 자세를 올바로 한다.

〈연구주제〉

- 일제하 재만한인의 거주권문제(법적 지위)
- 일제하 재만한인의 소작권문제(상조권문제)
- 만선척식복분유한공사(만선척식주식회사)에 관한 연구
- 만선척식공사에 관한 연구(1941.6. 만석척식주식회사로 통합)
- 일제의 대만한국인이민정책에 대한 한민족의 대응(구체적으로 1905-1945)
- 정의부연구?
- 신민부 연구?
- 참의부 연구?
- 의열단연구?
- 중국공산당의 대만한인정책
- 동삼성에 한함, 이동휘(상해파), 이르쿠츠크파 등
- 남경정부의 대만한인정책
- 일본(일본 외무성)만주총영사관측의 대만한인정책
- 재만독립운동단체의 항일독립운동(전반적)
- 한국독립운동자와 중국지사와의 항일관계(반만항일운동의 유대관계)
- 현대사연구의 이론
- 제국주의사론(세계사 속에서, 동북아시아 속에서)
- 민족주의사론
- 국제관계사론
- 민족해방사론

- *세계사 속의 한국사(그 당시)-세계반식민지운동 유형*
- *동아시아 속의 한국사(그 당시)-아시아의 반식민지운동 유형*
- *일제하 재만한인사회와 문화*
- *일제하 재만한인에 관한 연구-일제의 대만한인이민정책형성과정을 중심으로*
- *일제의 대만한국유이민촌락형성에 관한 연구-한국인의 신촌락형성의 일사례*
- *서일에 관한 연구*
- *윤세복, 윤세용과 대종교*
- *대종교의 독립운동(종합적인 정리, 책), 김교헌-일차 더 정리.*
- *이상룡의 독립운동*
- *길돈사건연구?, 반석사건연구?*
- *이상룡연구(특히 화이관을 중심으로)*
- *이상룡연구(대중국교섭, 대한교지도를 중심으로)*
- *재만한인의 민족교육에 관한 연구*
- *재만한인의 토지상조권문제(농업문제, 총체적이고 체계적인 정리)*
- *곽재우연구*
- *김교헌연구(논문정도)*
- *독립운동과 삼시협정(심층적으로 연구)*
- *(청도) 14의사연구?*
- *만선척식회사와 한국이민*
- *만주척식회사(한국관련만)*
- *토지조사사업과 반봉건투쟁에서의 만주이민(이민사 시기별로)*
- *산미증산계획에 의한 한국이민(이민사 시기별)*
- *일본의 식민지정책에 의한 한국인 지주 및 친일지주에 의한 소작인과의 관계에서 반제, 반봉건에서 농민의 존재 형태와 이민*
- *한국인을 중심으로 한 협화회연구(만주)*
- *만주에서 재만한인의 법적 지위문제(2중 국적문제, 귀화권문제-깊이 있게 연구, 단독)*
- *일제하 재만한인과 경찰권문제-깊이 있게 연구, 단독. 역사적인 논문*

- *김구연구(임정과의 관계)?*
- *여운형연구*
- *조소앙연구*
- *의열단연구-전반적으로 독립운동 사료에서 발췌, 약산과 의열단, 황병(상?)규, 유석현 녹음, 이강훈 녹음. 권태휴 녹음, 권준. 김승곤녹음. 김창수 논문.*
- *김동삼연구*
- *조선총독부의 권력구조(유영익논문)*
- *일본의 척무성(한국관계만)*
- *관동군의 대한인정책*
- *만철의 대한인정책*
- *조선총독부 당국의 대한인이민정책*
- *민족사료에 역점*
- *관찬사료에 역점*
- *생존자와의 대담*
- *녹음 수집*
- *동척(동양척식주식회사)에 관한 연구*
- *동아권업회사에 대한 연구*
- *만주의 적을 이용한 조선총독부, 관동군의 한국독립군의 토벌*
- *남화한인청년연맹 그리고 신채호의 무정부주의연구*
- *재만조선무정부주의자연맹(만주에 있어서의 무정부주의자들의 독립운동의 활동에 관하여)*
- *한국현대사연표(독립운동을 중심으로, 1876-1945, 1980)*
- *한국현대인명사전(독립운동자를 중심으로)*
- *임정과 만주(총정리)*
- *군사통일회(1921년 북경, 논문)*
- *국민대표회의(1923년, 논문)*
- *1919-1927년까지(만주와 임정 전체포함)*
- *만주를 중심으로 한 해외독립운동과의 관계(중국본토, 노령, 미주, 일본, 국내)*

- *한국독립운동과 버마(미안마-엮은 이), 월남 독립운동과의 비교연구(유인선, 고려대교수) 동양학(단국대-엮은이)10호 참조*
- *일제하 한국인의 일본이동에 대하여*
- *만주에서의 장작림, 장학량 군벌의 대한국독립운동정책(1916-1931.9.18.까지)*
- *만주에서의 한중연합군의 반만항일전에 대하여(9.18이후-1936년까지)*

연구당시의 메모 원본

2

1970년대, 학계 최초의 만주한인연구 성과: 『만보산사건연구』

만보산사건은 1931년 7월 2일 중국 길림성 장춘현 만보산 지역에서 한인 농민과 중국 농민 사이에 일어났던 충돌 사건이다. 박영석은 이 사건에 대하여 『만보산사건연구; 일제대륙침략정책의 일환으로서의』(아세아문화사, 1978)를 간행하였다. 서문에 집필 의도와 연구계기 등이 잘 나타나 있다.

본서는 1931년 7월 2일 만주의 길림성 장춘현 만보산에서 일어난 만보산사건에 관한 연구로서 필자가 기왕에 발표했던 몇 편의 논문을 주축으로 약간의 신고를 더하여 새로이 편저한 것이다.

필자는 고향 청도에서 유명한 조선의 사관 김일손이 배출되었고, 또한 선친(박장현)이 남겨놓은 한국사 관련 제 유고 등이 무언의 유훈이 되어 한국사를 전공하게 된 셈이다. 이러한 필자에게 항시 문제를 던져 준 것은 어린 학생의 눈에 비친 민족의 수난이었다. 어릴 때 마을 사람들이 초가삼간을 처분하고 만주로 이주하는 그 모습이나, 만주는 추위가 심하여 의복과 이불 등을 장사를 해서 생계를 유지하게 되었다는 말들이 잊혀지지 않았다. 해방 후에는 귀향민들이 마을 앞에 모여 지난날 만주에서 겪었던 마적의 습격, 중국인 일본인과의 분쟁 등 여러 가지 고난상과 그리고 한국독립운동에 관한 여러 가지 이야기를 흥미롭게 들려주었다.

이에서 필자의 한국사를 전공하겠다는 뜻이 후일 학문의 말단을 더럽히게 됨에 만주에서의 이주한인의 제문제를 통하여 일제하의 한국독립운동을 연구해 보고자 하는 충동이 일어났다. 일제에 대한 한국독립운동을 연구함에는 한국독립운동자 내지는 단체의 성격이나 그 독립운동의 전개과정에 관한 연구가 우선 중요한 의의를 갖는다. 그러나 종래 우리나라 독립운동사의 학문적 업적을 돌이켜보건대, 위와 같은 독립운동자체의 사실만으로 이루어진 감이 없지 않다. 그리고 자료면에서도 독립운동자의 인맥이나 독립운동단체의 강령 규약, 방침, 조직에 관한 자료나 제국주의 일본의 한국통치에 관한 일반적인 자료만에 의존하는 경향이 없지 않다.

주지하는 바와 같이 독립운동사가 주체적 제 조건과 객관적인 제 조건의 통일적인 파악의 토대 위에서 규명되어야 한다고 본다면, 그것은 위와 같은 연구상의 한계를 넘어서 당시 독립운동을 가능케 했던 정신적, 인적, 물적 기반과 국제정세의 제조건 등의 기초적인 연구가 선행되어야 할 것이다. 필자는 이러한 제문제를 검토하기 위하여 그 한 부분으로 재만한인을 위요한 중일간의 대립에서 야기된 한 역사현상으로서 〈만보산사건〉연구를 시도해 보았다.

목차는 다음과 같다.

1. 만보산사건의 역사적 배경
2. 만보산사건의 경위
3. 만보산사건으로 인한 조선에서의 중국인배척사건
4. 조선에서의 중국인배척사건으로 인한 재만한인의 자위활동과 중국에서의 배일운동
5. 만보산사건과 조선에서의 중국인배척사건이 일본에 미친 영향
6. 만보산사건과 조선에서의 중국인배척사건을 위요한 중·일간의 외교교섭

결론

책자에서는 만보산사건의 역사적 배경과 내용, 영향 등에 대하여 심도 있게 밝히고 있다. 특히 일제의 대륙침략정책의 일환으로서 만보산사건에 대하여 조망하고 있다. 이 책자에 대하여는 만주에서 살았던 동국대학교의 이용범교수*, 그리고 사회경제사를 전공한 이화여대 김경태교수** 등의 서평이 있어 참조된다.

이용범교수는 "이 저서에서 저자가 가장 심혈을 기울여 한국사학계에 공헌할 수 있는 업적으로 손꼽을 수 있는 것은 동서 제1장 만보산사건의 역사적 배경인 것으로 볼 수 있을 것이다"라고 언급하고 있다. 이것은 박영석이 그동안 등한시하였던 일제의 대륙침략정책을 규명한 것을 높이 평가한 것으로 보인다. 아울러 이교수는 동장 "제5절 재만한인에 대한 중국관헌의

---

* 이용범, 서평, 『만보산사건연구-일제 대륙침략정책의 일환으로서』, 『아세아연구』 22(1), 고려대학교 아세아문제연구소, 1979.

** 김경태, 서평, 『만보산사건연구-일제 대륙침략정책의 일환으로서』, 『한국사연구』 28, 1980.

압박과 재만동포옹호동맹의 활동은 본서 전체를 통하여도 저자가 가장 역점을 두었던 부분이었다. 일제의 만주침략의 진전에 따라 선의의 재만한교조차 중국 측으로부터 일제의 전위로 인식되어 입게 되는 그 참혹한 박해와 이에 대한 동포의 대응책 및 중국의 비방정권과 재만한교와의 직접교섭에 대한 조선총독부의 관심이 생기 있는 필치로 서술되어 우리가 몰랐던 여러 사건의 이면이 많이 밝혀졌다"고 평가하였다.

김경태교수는 "먼저 본서의 특징으로서는 종래 연구자들이 별로 이용하지 못했던 이 방면의 소중한 원사료를 널리 조사하고, 이를 구사해서 은밀한 실증적 연구를 시도한 점을 첫째로 들어야 할 것 같다. 즉 저자는 마이크로필름으로 되어 있는 〈일본외무성 및 육해군 문서〉 중의, 만보산관계자료를 비롯하여 중국 측의 〈혁명문헌〉 및 〈萬寶山事件及朝鮮慘案〉 등 관계사료와 한국 측 자료로는 재만, 재중, 독립운동단체의 성명서와 국내의 동아일보, 조선일보 등의 관계논설, 그리고 국제연맹에 의해서 작성된 〈Lytton 보고서〉의 만보산사건관계기록 등을 광범하게 수집·정리하여 극명·면밀하게 이용하고 있다. 특히 저자는 이상의 공문서만으로 만족하지 않고, 만보산사건에 직접 관련하였던 인사 중 생존자의 회상기와 그들과의 대담 등을 또한 적절하게 이용하고 있는 것이다"라고 하여 자료수집의 철저함에 대하여 언급하고 있다.

박영석의 위 책은 당시 북만주 오상현 안가농장에서 근무했던 이선근박사를 지도교수로 이루어졌다는 점도 흥미롭다.* 석사과정시 고려대학교 아

* 박영석의 이선근과의 인연은 다음의 글을 참조하였다. 박영석, 「하성 이선근박사추모사」, 『민족사의 새 시각』, 탐구당, 1986.

세아문제연구소 소장인 이상은의 소개로 처음 접했고, 이후 사학과 은사이신 정재각교수의 추천으로 사승관계를 맺게 된 것으로 알고 있다. 아울러 1970년대 연구임에도 불구하고 중국 및 일본의 다양한 자료들을 활용하고 있는 점, 만주에서 있었던 다양한 유형의 생존 조선인 및 일본인들에 대한 면담작업이 이루어지고 있었던 점 또한 주목된다. 박영석은 집에 암실을 차려놓고 마이크로필름을 인화하여 논문을 썼다. 당시에는 한국에 마이크로필름 리더 기계가 없었기 때문이다. 박영석의 열정이 지금도 눈에 선하다. 아직도 그때 인화한 만보산사건 자료들이 다수 남아 있다.

한편 박영석은 일본의 대륙침략을 잘 이해하기 위하여 1986년『리턴보고서』(탐구당)를 번역 간행하기도 하였다. 리턴보고서는 1931년에 국제연맹이 조사단을 파견하여, 중국과 만주 문제에 대해 결론을 내린 보고서로서, 만주사변이 일본의 침략이라고 규정하였다.

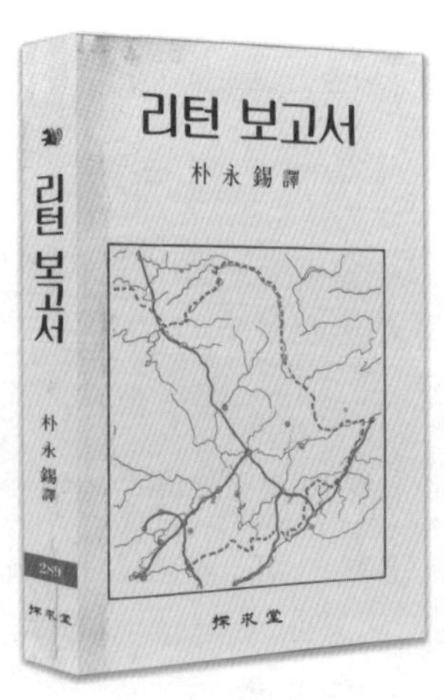

3

1980년대, 선구적인 만주한인독립운동사 연구

『한민족독립운동사연구: 만주지역을 중심으로』(일조각, 1982)

박영석은 만보산사건 연구에 이어 만주지역 한인독립운동사연구에 매진하였다. 그 첫 번째 연구성과가 바로 『한민족독립운동사연구; 만주지역을 중심으로』(일조각, 1982)이다. 책 제목 및 출판사 알선에는 서강대학교 전해종교수의 도움이 있었던 것으로 알고 있다. 전해종교수는 동양사의 대가였을 뿐만 아니라 그의 선친 전성호 역시 만주에서 활동한 인물이었다. 그러므로 만주에 대하여 정통한 인물이었던 것이다.

책자의 서문을 보면 다음과 같다.

> 일본제국주의가 적극적으로 대륙침략정책을 감행함에 따라서 한중 양 민족은 이에 저항하였다. 이것은 침략적 제국주의 일본과 저항적 민족주의 한국과 중국의 대결이었다. 이것이 좀 더 구체화되어 일차적으로 일본제국주의는 대륙침략정책의 일환으로 1910년 우선 한국을 강점하였다. 이에 조국 독립과 민족해방이 일차적 과제로 주어졌으며, 동시에 근대민족국가의 수립을 위해 한민족을 국내외를 막론하고 항일민족운동을 치열하게 전개하였다. 한편 결과적으로 일본제국주의는 식민지통치의 재편성을 통해 항일민족독립운동을 철저히 탄압하였다. 그러나 이러한 탄압은 오히려 더 강렬한 민족적 저항을 전개하게 하였으며, 항일민족독립운동자들의 의지를 굳게 만든 요인이 되었다.
>
> 종래에는 일본제국주의가 한국을 식민지 통치했던 시기에 대한 역사의식이니 그 역사서술에 있어서 일본제국주의의 한국지배시기의 역사는 일본제국주의의 식민지지배기구인 조선총독부의 가혹한 통치와 수탈에 역점을 두었다. 물론 이러한 면도 기술하여야만 되겠지만, 이것은 어디까지나 일본제국주의가 한국을 통치한 식민지통치사에 지나지 않는 것이지, 진정한 한민족의 저항의 역사. 곧 주체적인 한국사가 될 수 없다고 생각된다.
>
> 그러므로 일본제국주의의 한국통치를 부인하고, 일본제국주의세력을 구축하기 위하여 국내외를 막론하고 항일민족독립운동을 전개한 것을 주체로 하여 한민족사를 체계화하여야 한다고 생각한다. 따라서 일제하 식민지시기에 대한 저자의 연구시각은 일본제국주의에 의한 피지배의 역사가 아니라 민족저항의 역사로 파악되며, 민족사의 자주적 동력이라는 측면을 강조하는데 있다고 할 것이다. 이러한 입장에서 항일민족독립운동사를 연구함

에 있어서 자료정리의 부족과 그 외의 여러 외부적 여건에 의하여 총체적이고 체계적으로 연구를 간행하지 못하는 어려움이 있는 것도 사실이다. 그러나 일본제국주의의 대륙침략정책과 이에 저항하는 한국의 주체적 입장에서 연구해야 했다.

이에 저자는 항일민족독립운동의 발상과 제 실태를 알아보고자 하여 일차적으로 만주로 이주한 한국농민을 위요한 중일간의 대립인 만보산사건을 연구한 바 있고, 계속하여 만주, 연해주지역의 한인사회의 형성과 동태 그리고 그들의 항일민족독립운동에 대한 보다 심층적이고 구조적인 연구를 진행하고자 하는 것이 저자의 일관된 관심이자 염원이었다.

따라서 본고는 〈만보산사건〉의 저자의 이러한 관심과 염원을 반영한 연구보고라고 할 수 있으며, 그 내용과 성격은 대략 목차가 제시한 대로

첫째, 재만한인사회의 형성

둘째, 재만한인사회의 민족의식

셋째, 재만한인사회의 한인민족독립운동으로 크게 포괄할 수 있지 않을까 한다. 물론 여기에 수록된 논문들은 이미 여러 학술지에 발표된 것이며, 결코 처음부터 어떤 일정한 계획된 순서에 따라 집필 발표된 것은 아니었다. 그러나 전언한 바와 같이, 본서에 수록된 독립된 논문들은 일제하 항일민족독립운동사를 연구하는데 저자가 전념한 바 일관된 연구주제의 시각을 보다 구체화하고 심화시키는데 주력했다는 점에서 자득의 체계를 견지하고자 노력했음도 사실이다. 따라서 이 책의 출간을 계기로 저자가 전공하는 연구영역을 한층 확대 심화시키고 전체의 연구기획 하에 보다 깊이 있고 짜임새 있는 학적 체계화에 주력할 것임을 스스로 다짐해 두는 바이다.

책자의 목차는 다음과 같다.

1. 일제하 재만한국유이민 신촌락형성—울진 경주이씨일가의 이주사례—
2. 일제하 한국인 만주이민문제—일제의 한국인 이민정책을 중심으로—
3. 일제하 재만한인사회의 형성—석주 이상룡의 활동을 중심으로—

4. 단재 신채호의 만주관
5. 대종교의 민족의식과 독립운동—김교헌 교주 시기를 중심으로—
6. 일제하 재만한국인의 독립운동과 민족의식—경학사의 설립경위와 그 취지를 중심으로—
7. 만주·노령지역의 독립운동
8. 국민대표회의와 대한민국임시정부—서간도지역의 독립운동단체 참여와 관련하여—
9. 재만독립운동단체의 활동과 대한민국림시정부—임정 국무령 선임배경을 중심으로—

이 책은 박영석의 본격적인 최초의 만주지역 한인독립운동사에 대한 연구서라고 할 수 있다. 아울러 연구 중 가장 백미가 아닌가 한다. 울진 경주이씨 일가의 이주사례연구, 석주 이상룡연구, 대종교 2대 교주 김교헌 연구, 국민대표회의와 대한민국임시정부 연구 등은 이 분야의 개척적인 연구로서 학계에 기여한 바 크다고 보여진다.

역사학자이자 언론인이었던 천관우는* 경주이씨 사례연구에 대하여, "실로 획기적인 의미를 갖는다. 특히 전형적인 케이스연구에 해당하는 이 논문은, 이종대를 비롯한 그 가족과 주변 인물들의 대담 구술과 그 일가에 보존된 약간의 문서들을 기초자료로 삼고 있어서, 그 탐방채록들을 위해 저자가 바친 노고와 열의를 눈에 보는 듯하여, 역사연구에 있어서 우리학계로서는 아직은 드물다고 할 이러한 수법에 의거하여 논문이 작성되었다는 점에서도 독특한 의의를 가진다고 본다"고 하여 방법론에 대하여 평가하고 있다.

아울러 석주 이상룡 및 경학사의 설립경위와 그 취지의 경우, 이상룡의

---

* 천관우, 서평, 『역사학보』93, 1982.

지도자로서의 면모와 재만지도자들의 사상동향을 남김없이 드러내주고 있다고 언급하였다. 또한 대종교 2대 교주 김교헌 연구를 통하여 대종교독립운동의 새로운 장을 열었다고 서술하고 있다.

박영석은 석주 이상룡을 연구하기 위하여 1973년에 출판된『석주유고』번역에 심혈을 기울였다. 박영석의 큰집 아버지인 박기현과 집안 어른들에게 많은 가르침을 받았다. 지금도 당시의 녹음테이프들이 남아 있어, 박영석의 연구에의 집념과 열정을 느껴볼 수 있다.

❍『일제하 독립운동사연구: 만주 · 노령지역을 중심으로』(일조각, 1984)

박영석은 1980년대 고려대학교 철학과 신일철교수의 논문을 통하여 배운바 있어, 독립운동단체들을 이념별로 나누어 연구를 진행해 보고자 결심하였다. 그동안 학계에서는 항일운동에 초점을 두어 단체들을 정치이념별로 나누어 연구를 하지 않았다. 이에 착안한 박영석은 만주독립운동단체들을 공화주의. 복벽주의, 사회주의계열로 분류하여 연구를 하고자 하였다. 다만 시대적 한계로 사회주의계열은 다루지 못하였다. 1984년 일조각에서 간행된 이 책에 대하여 신용하는 서평에서,[*] "박교수는 이 책에서 독립운동사에 대하여 종래 밝혀지지 않은 많은 새로운 사실들을 밝혀내고, 새로운 관점과 이론을 정립하였다. 예컨대, 1920년대 독립운동의 조류를 공화적 민족주의 독립운동, 복벽적 민족주의독립운동, 사회주의 공산주의독립

* 신용하, 서평, 『한국학보』38, 1985.

운동으로 3분한 것이라든가, 대종교를 하나의 독립운동단체로 보아야 한다는 것과 같은 것이다. 우리 학계는 박교수의 이러한 주장과 관점을 깊이 음미할 필요가 있을 것이다”라고 하고 있다.

저자의 집필의도 등을 파악하기 위해 서문의 일부를 보면 다음과 같다.

> 저자는 만주와 노령지역을 중심으로 일제하 항일민족독립운동을 한민족의 자주 역량에 의한 저항투쟁에서의 시각에서 부각시키고, 또 종래의 일제 측 사료에 의한 연구에서 벗어나 가능한 한 자주적이고 구조적인 여구가 되도록 시도하였다.
>
> 제1편에서는 먼저 공화주의계 및 복벽주의계, 정의부의 이념과 활동을 연구한 것으로서, 여기서는 재만독립운동의 이념과 맥락을 세 갈래로 나누어 고찰하였다.
>
> 즉, 위정척사파에서 의병 독립군으로 이어지는 복벽적 민족주의계의 맥락과 이념, 그리고 개화파에서 독립협회, 신민회, 경학사로 이어지는 공화쩍 민족주위계열의 맥락과 이념, 그리고 사회공산주의계의 맥락과 이념으로 나누어 보았다. 그러나 본고의 연구범위는 지역적으로는 북간도와 서간도 지역으로 한 하였으며, 시기도 1925년 전후까지로 하였다. 그리고 사회 공산주의계의 흐름은 뒤의 연구과제로 남겨 두었고, 그 내용과 연구방법상 아직 미흡한 점은 앞으로 계속 보완해 나갈 생각이다.
>
> 제2편에서는 먼저 재만독립운동지도자였던 이상룡의 화이관을 다루었다. 그는 망명지역에서의 민족운동방략의 첩경은 교육산업우선주의에 있다고 보고, 교육의 유무에서 화이관을 제창하여 중국인의 중화사상을 비판하였으며, 나아가 재만한인의 주체사상과 긍지와 자부심, 그리고 한민족의 사명감을 일깨워 주었다. 이 같은 지도자로서의 이상룡과 함께 중간지도자로서의 이규동, 북로군정서 독립군 병사로서의 이우석의 활동을 연구대상으로 하였다. 이러한 독립운동 추진세력인 상, 중, 하 계층의 이념과 활동에 대한 연구는 상호보완적인 역할과 심층에 깔린 제문제들을 밝히는데 유효한 것

이라고 생각되었기 때문이다. 또한 1910년대 노령지역에서의 무장항일독립운동을 다루었는데, 여기서는 러시아혁명과정에 있어서의 한국독립군들의 활동한 실태를 중심으로 하였다.

제3편에서는 1909년 단군교로 시작하여 대종교로 개명, 국내에서 민족독립운동의 한계를 느껴 총본산을 만주지역으로 이동 망명하여 조국이 광복된 1945년까지 전개한 대종교의 민족독립운동과 그 이후, 1960년대 말까지를 일관성 있게 고찰한 것이다. 특히 중국동북지역에서 민족독립운동이 쇠잔한 시기인 1942년 대종교의 임오교변의 항일투쟁을 검토하였다. 대종교는 민족종교이긴 하나 종교적인 성향보다는 일제를 한국으로부터 구축하기 위한 항일비밀결사 즉, 민족독립운동단체로 보고자 하는 것이 저자의 견해이다.

제4편에서는 일본제국주의하에서 한국인이 일본으로 이동한 문제를 다루었다. 일제는 그들 자본주의의 성장과정에서 한국의 노동인구를 필요로 하게 되었다. 이 같은 점을 정책적인 측면에서 검토하였다. 또한 1920년 미의원단 내한시 중국과 한국내에서의 한국민족독립운동지도자에 의한 청원운동의 실태를 고찰하였다.

책자의 목차는 다음과 같다.

1. 일제하 서간도지역 공화적 민주주의계의 민족독립운동-그 맥락과 정치이념을 중심으로-
2. 일제하 만주 ·노령지역에서의 복벽적 민족주주의계의 항일독립운동-맥락과 정치이념을 중심으로-
3. 정의부연구-민주공화정체를 중심으로-
4. 석주 이상룡의 화이관
5. 일제하 만주 ·노령지역에서의 민족독립운동 일사례연구-북로군정서 독립군병사 이우석의 활동을 중심으로-
6. 1910-1920년대 노령지역의 항일민족독립운동
7. 대종교의 민족의식과 민족독립운동

8. 민족광복 후의 대종교운동

9. 대종교의 임오교변연구

10. 일제하 한국인 일본이동에 대하여

11. 1920년대의 미의원단내한과 민족운동의 동태

위의 논문 중 일차적으로 가장 주목되는 것은 정의부에 대한 연구이다. 박영석은 정의부를 임시정부와 마찬가지로 하나의 준정부로서 인식하고 검토하였다. 하나의 독립운동단체가 아닌 준정부란 인식은 그동안 학계에서 주목하지 못한 부분이었다. 1920년대 중반 독립운동계 및 일반동포들도 쇠약해진 상해임시정부를 우리민족을 대표하는 정부로서 인식하지 않았다는 전제하에서 출발한 것으로 보여진다.

다음으로 주목되는 것을 구술을 바탕으로 독립군 병사를 연구하였다는 점이다. 1980년대 광복회에서 우연히 만난 이우석옹을 수십 차례 면담하여 이를 토대로 문헌자료들을 검토하여 논고를 완성하였다. 학계에서 그동안 지도자 중심으로 연구를 진행한데 비하여 병사를 중심으로 연구하였다는 점은 높이 평가할 수 있을 것 같다. 이 연구는 당대 큰 파장을 일으켜 영화 〈일송정 푸른솔은〉(이장호 감독)로도 제작되었고, 코메디언 이주일이 이우석을 양아버지로 모시기도 하였다. 2013년에는 독립기념관에서 이우석수기를 간행하기도 하였다.* 지

* 독립기념관 한국독립운동사연구소, 『청산리대첩-이우석수기, 신흥무관학교』, 역사공간, 2013.

금도 집에는 당시 면담 테이프와 박영석이 작성한 이우석의 이동경로 지도 등 다양한 작업흔적들이 남아 있다.

독립군 병사 이우석옹과 대담하는 박영석

『재만한인독립운동사연구』(일조각, 1988)

1984년 박영석은 국사편찬위원회 위원장에 임명되었다. 자연히 행정에 치중하다 보니 연구는 제대로 이루어질 수 없었다. 다만 해외 출장 등을 통하여 현장답사와 새로운 자료들을 접할 수 있었고 이를 논문화하는데 노력하였다. 만주, 러시아의 홍범도연구, 미국의 박용만 연구 등은 그 대표적인 것들이라고 볼 수 있다.

책자의 서문을 보면 다음과 같다.

> 저자는 선친 중산 박장현의 유지를 받들어 한민족사에 대해 관심을 갖게 된 이래 중국 동북지역(만주)에서의 한민족독립운동사를 주요한 연구대상으로 삼아 천착해 왔다. 그 결과 『만보산사건연구』(아세아문화사, 1978)와『한민족독립운동사연구』(일조각, 1982) 및『일제하 독립운동사연구』(일조각, 1984) 등의 졸저를 세상에 내놓아 강호제현들의 질정을 구한 바 있었다.
> 이번에 출간하는 본서도 중국 동북지역에서의 한민족독립운동사에 관한 필

자의 일관된 연구 작업의 일환으로서, 최근 여러 학술지에 발표했던 논문들에 몇 편의 신고를 보충하여 『재만한인독립운동사연구』라는 제하에 한 권의 책으로 묶어 본 것이다. 본서가 『만보산사건연구』와 같이 특정 주제에 대한 체계적인 연구가 못된다는 점에서 한계가 있음은 자인하지만, 중국 동북지역에서의 한민족독립운동의 실체를 구명하는 데 있어 한 번은 다뤄져야 할 주제들이라는 점에서 나름대로 그 의의를 찾을 수 있다고 본다.

본서에 수록된 논문들은 크게 다음과 같은 세 가지 주제들로 나누어 볼 수 있다. 먼저 제1편에서는 중국 동북지역 기독교도들의 항일민족독립운동과 민족유일당운동 등에 관해서, 다음으로 제2편에서는 중국 동북지역에서의 민족독립운동과 밀접한 관계를 가지고 있는 국내 및 미주지역의 독립운동 단체들에 관해서, 끝으로 제3편에서는 홍범도·이청천 등 중국 동북지역에서의 독립전쟁을 주도했던 인물에 관해서 연구한 성과들이 실려 있다.

필자는 지금까지 한민족독립운동사를 연구해 오면서 재만한인사회에 대한 연구, 특히 이 지역을 위요한 중·일간의 토지상조권문제, 교육권문제, 이중국적문제(귀화권문제), 경찰권문제 및 민족별·계급별문제 등에 관한 실체구명 노력이 부족했음과, 아울러 일본제국주의의 대륙침략정책에 대한 관심과 민족독립운동가들의 사상에 대한 배려도 충분치 못했음을 절감하였다. 저자는 앞으로 이러한 미비점들에 유념하면서 재만한인사회를 중심으로 한 한민족독립운동사를 새로운 시각에서 재조명해 보고자 한다.

책자의 목차는 다음과 같다.

독립운동방략
간도

〈독립운동단체연구〉

대한광복회연구-박상진 제문을 중심으로-
혁신의회연구
한인소년병학교연구-헤스팅스 한인소년병학교를 중심으로-

〈독립운동인물연구〉

홍범도장군연구
유일우 일가의 민족독립운동
해원 황의돈의 민족주의사학
백산 이청천장군

대한광복회 총사령 박상진연구는 박상진의 고향집 울산 송정동 답사와 친척 박용진과의 면담 등을 통해서 이루어졌다. 당시 박영석과 함께 박상진가를 방문한 기억이 지금도 생생하다. 박상진의 부친 박시규의 아들에 대한 절절한 제문 내용은 지금도 마음에 애절하게 다가온다. 처남 경주 부자 최준과의 관계 등도 상세히 기록되어 있다. 미주에서 활동한 박용만에 대한 연구도 당시로는 개척적인 연구였고, 홍범도에 대한 것도 신선함을 더해주었다. 유일우에 대한 연구는 박영석이 봉직한 건국대학교의 재단과 관련이 있어 이루어졌다. 유일우에 대하여는 그 후 연구들이 축적되어 새로운 평가들도 나오고 있다.

4

1980·90년대, 독립운동사의 대중화를 위한 기틀 마련

『민족사의 새 시각』(탐구당, 1986)

박영석은 1986년까지 독립운동사와 관련된 많은 대중용 글들도 작성하였다. 그것들을 8개 유형 및 부록 등으로 나누어 한 권의 책자로 만들었다.

박영석의 독립운동에 대한 인식과 소소한 다양한 내용들을 아는데 도움이 된다. 박영석은 책의 서문에서 다음과 같이 언급하고 있다.

> 본서는 비교적 전문성이 결여된 글들, 곧 신문 잡지나 일반 교양지등에 실린 저자의 글과 강연 내용, 토론 내용, 발표 요지 등을 한데 모아 수록한 것이다. 따라서 부분적으로 많은 중목이 있을 것으로 안다. 아울러 부록에는 저자의 선친에 관한 자료를 덧붙였다.

이 책의 주요 목차는 다음과 같다.

1. 독립운동사론

한민족독립운동사-연구방향의 새로운 모색
이완용의 친일의식
독립운동의 방략
독립전쟁-만주에서의 독립운동
석주 이상룡의 화이관
재조명해 본 홍범도장군의 항일투쟁
3.1운동, 그 정신사적 평가
신채호, 그의 만주관에 나타난 민족의식
무장독립운동-한국독립군의 독립전쟁을 중심으로
1920년대 후반의 민족유일당운동-만주지역을 중심으로
적극적 독립에의 저항의미-1923년 국민대표회의를 중심으로
광주학생민족독립운동의 재조명-연구시각과 발발배경을 중심으로
신용하저,『한국민족독립운동사연구』서평

2. 정론(시론)

국사교육 대중화
한민족독립운동사의 참뜻
왜곡 독립운동사 시정 시급

임정의 민족사적 정통성-상해임시정부 수립 66주년을 맞아

민족독립운동과 우리의 통일

산화한 호국영령의 영전에서

광복된 역사와 더불어

역사의 인식과 구체화

3. 강연록

민족주의사관의 정립

한민족독립운동사의 새로운 조명

대종교와 민족독립운동

한일관계의 새로운 정립

4. 단상

역사를 보는 눈

민족사관의 정립

퇴계의 좌우명

사무사(思無邪)

초라한 추모식

장학금

천도교에 바라는 글

국사관 신축의 기쁨

흩어진 제주사적 보존 아쉽다

항일독립정신 바탕으로 민족대학 고대가 키어져

5. 비문 · 추모사

이만중의사 순국비문

황덕환열사 비문

매운 이정희지사 비문

하성 이선근박사 추모사

이현종박사 추모사

6. 좌담회 인터뷰

국가관

이제 우리의 정사를 남길 때-한국독립운동사를 위한 문제제기

민족사관 새 지평으로-독립운동사조명

주체적 민족사관의 횃불

국사문제 근본 변혁할 계기 왔다

국력신장

민족사관 새로 정립해야

유인석 정신은 적극적 주체성

만주와 그 땅위에서 행한 독립운동

내 고장 유적, 명승지부터 찾아보자

7. 학계활동

이완용「內鮮融化具申書」발견

광복회 조직 만주서 항일무장투쟁한 박상진의사 제문발견

일제 강점기의 역사인식 〈자위의 투쟁사〉로 봐야

서재필박사 유품송환 전망 밝다

인니독립 〈숨은 영웅〉 한국인 양칠성

8. 프로우필 · 서평

프로우필

국사편찬위원회 구상

박영석 저, 『만보산사건연구』 서평(김경태)

박영석 저, 『한민족독립운동사연구-만주지역을 중심으로』 서평(천관우)

박영석 저, 『한 독립군병사의 항일전투』 서평(이현희)

박영석 저, 『일제하독립운동사연구』(신용하, 김창수 외)

9. 부록

특히 이중 〈1. 독립운동사론〉에서는 한민족독립운동사-연구방향의 새로운 모색, 독립운동의 방략, 재조명해 본 홍범도장군의 항일투쟁, 3.1운동, 그 정신사적 평가 등을 싣고 있어 박영석의 독립운동인식 이해에 큰 도움을 주고 있다. 아울러 〈2. 정론(시론)〉에서는 국사교육 대중화, 한민족독립운동사의 참뜻, 왜곡 독립운동사 시정 시급, 임정의 민족사적 정통성-상해임시정부 수립 66주년을 맞아, 민족독립운동과 우리의 통일, 산화한 호국영령의 영전에서, 광복된 역사와 더불어, 역사의 인식과 구체화 등을 다루고 있어 박영석의 시국관과 현실인식의 단초를 살펴볼 수 있다. 또한 〈4. 단상〉의 역사를 보는 눈, 민족사관의 정립, 천도교에 바라는 글, 국사관 신축의 기쁨, 흩어진 제주사적 보존 아쉽다 등도 박영석의 역사인식을 밝히는 소중한 자료들이라고 판단된다.

◯『항일독립운동의 발자취』(탐구당, 1993 全訂版)

박영석은 1980년대 답사를 비롯한 학문적 활동을 또 한 권의 책으로 묶었다. 주요 목차를 보면 다음과 같다.

1. 항일독립운동의 발자취를 따라

항일독립운동의 현장 중국을 가다
소련에 뿌리내린 〈한얼〉을 찾아

2. 항일독립운동가 열전

서설
일송 김동삼, 홍범도, 석주 이상룡, 고헌 박상진, 단애 윤세복
백포 서일, 우성 박용만, 남자현, 만오 홍진

3. 항일독립운동사연구논단

만주에서의 독립군 형성과 초기 독립전쟁
만주대륙에서 전개된 항일민족독립운동

(부록)

기록물의 역사적 위상-사료를 통해서 본 우리나라 역사편찬

조선왕조 시대의 역사편찬

국사교과서 편찬과정에서의 제문제

한인관계사의 회고와 전망

4. 항일독립운동사연구 심포지엄

기미 70돌 의미를 되새긴다

한국독립운동사

항일무장투쟁

(부록) 건강한 사회를 위하여

5. 역사산책

3.1절과 해외의 선열 후손들

의열단의 〈3.1 10주년 선언〉 외 3건 해제

개국기원소개

살아있는 역사를 위하여

한국의 역사

하와이 국제학술회의를 다녀와서

서평:『소련한족사』, 김승화 원저, 정태수 편역

건학정신 구현을 위한 우리의 자세

한민족 문화유산의 보존과 민족의식

한국근현대상의 개항과 민주화 그리고 북방정책

일본과 일본인

지일, 극일의 길

6. 일문선(逸文選)

백산동학혁명기념 비문

산재 조병세 선생 사적비 제막에 부쳐

송양섭 지사 비문

학고 정수홍 선생 창의 비문

고려개국공신 태사 충열전공이갑 순절 비문

정부인 안동 장씨 송덕 비문

『충의사록』 축간사

『경북마을사』 발간 축사

제 34회 전국역사학대회사

남원 윤씨 감사 공파보 간행사

『경주김씨세보』 서

『임당유고』 서사

『가전』 발간 헌사

농은 이재호 선생 추념사

『이전』 번역간행 후기

순국선열추념탑기

면암 최익현선생추모대제전 추모사

대한인 윤봉길의사 순국기념비

의병장 옥여 풍천임공경재 추모비

무열 김공 묘도문

전 문교부장관 박찬현박사 영결조사

대한민국임시정부 국무위원 백강 조경한선생 영결조사

『비록 조선민주주의인민공화국』 서문

『국역 신수 노산지』 감수사

고향유정

청강 변호적선생을 회상하며

『월정집보유』 헌사

원태우지사 의거비 제막식 축사

해외한민족연구소간행 『한민족동동체』 창간축사

일본국회도서관 주최 「종가기록과 조선통신사」 자료전 및 학술심포지엄 개

회사

『성계 이계석교수 정년기념논총』 하서

『하석 김창수교수 화갑기념 사학논총』서문

『서암 조항래교수 화갑기념 한국사학논총』 하서

『향산 변정환박사화갑기념논문집』 하서

경헌공 오봉채선생 신도비명

(부록) 1. 중산 박공장현지묘 비문, 이가원

박수촌 졸갑수서, 정재각

수촌 박영석교수 화갑기념 『한민족독립운동사논총』 하서, 김준엽

부록 중산박공장현지묘 비문, 이가원

박영석은 역사학을 하면서 현장 답사를 매우 중요하게 생각하였다. 특히 만주, 러시아지역을 주로 연구하는 입장에서 더욱 그러하였다. 그러나 이들 지역의 답사는 당시 시대적 상황 속에서 대단히 힘든 것이었다. 그런 가운데 현지답사는 큰 감동이었다. 박영석은 당시의 기쁨을 서문에서 다음과 같이 표현하고 있다.

> 1980년대 이후에 도래한 동서간의 화해무드로 인하여 필자는 1987년 10월과 1989년 8월에 중국을, 1991년 3월에 소련을 각각 답사할 기회를 갖게 되었다. 이럼으로써 공산권의 자료를 직접 대할 수 있었고, 또한 현지의 생존자들과도 대화를 가질 수 있어서 한민족독립운동사를 연구하는 필자로서는 그 기쁨이 말할 수 없이 컸다.

박영석은 만주, 러시아 지역의 답사내용과 더불어 한국일보에 연재한 〈재발굴 독립운동사열전〉에 본인이 쓴 만주 러시아지역 독립운동가 약전을 싣고 있다. 김동삼, 홍범도, 이상룡, 박상진, 윤세복, 서일, 박용만, 남자현,

홍진 등이 그들이다.

아울러 논단에서는 만주에서의 독립군형성과 초기 독립전쟁, 만주대륙에서 전개된 항일민족독립운동을 다루었다. 또한 심포지움에서 발표한 글들도 모았으며, 축사, 간행사, 비문 등과 더불어 간단한 글과 서평들도 역사산책이란 제목으로 구성하였다.

박영석은 자신의 글을 항상 정리하여 책자로 간행하고자 하였다. 글들이 흩어지면, 나중에 찾아볼 수 없다는 생각이 강하였다. 아버지 박영석의 가르침에 따라 엮은이 역시 그동안 쓴 논고들을 일찍부터 책자화하였다. 박영석의 이러한 생각은 선친 박장현의 영향인 것 같다. 30대 초 죽음을 목전에 둔 청년 박장현은 문집을 만들어 줄 문중이나 제자도 없었다. 재산도 없었다. 이에 피눈물로 병석에 있으면서도 자신의 저서들을 꼼꼼히 하나하나 정리해 두었다. 박영석 역시 이에 영향을 받은 바 큰 것 같다.

윤봉길의사 순국기념비(일본 가나자와, 비문 박영석 작성)

순국선열추념탑을 바라보는 부인 김외태(비문 박영석작성)

5

2000년대, 잊혀진 여성 혁명가와 국제관계에 대한 관심

『만주지역 한인사회와 항일독립운동』(국학자료원, 2010)

이 책은 박영석이 그동안 쓴 글 가운데 책자화하지 못한 것들을 아들 박환이 모아 하나로 묶은 것이다. 그러므로 안타깝게도 일관성이 없다. 그러나 만주한인의 법적지위문제, 중국동북군벌정권의 대한인정책 등은 흥미로운 주제의 내용들이다. 아울러 남자현, 홍진, 이완용 등에 대한 개척적인 연구도 주목할만 하다.

머리말을 보면 다음과 같다

> 만주지역은 1910년 일제에 의해 조선이 강점된 이래 한인들의 삶의 현장이자 독립군기지요, 전투의 근거지였다. 그러므로 필자는 일제의 대륙침략의 일환으로서의 만보산사건에 관심을 기울인 이래 줄곧 중국동북지역의 한인민족운동의 실체를 밝히기 위해 재만한인사회와 한인독립운동 그리고 이를 둘러싼 국제관계에 주목하여 왔다. 본서에서 다루고 있는 글들은 필자가 이러한 과정에서 그동안 작성한 글들로 책으로 엮지 못한 것들이다. 부족한 것들이지만, 2010년인 올해 일제 조선강점 100주년을 맞이하여 용기를 내어 항일운동가들의 뜻을 길이 전하고 싶어 아들 박환교수의 도움을 받아 한 권의 책으로 만들어 보았다.
>
> 본서는 모두 4장으로 나누어져 있다. 1장에서는 만주지역으로 이주한 한인들을 둘러싸고 있는 여러 가지 여건들에 대하여 검토해 보았다. 재만한인들의 법적지위문제, 장학량 중국동북군벌의 대한인정책 등이 그것이다. 한인들은 국내와는 달리 이국땅의 어려운 여건 속에서 독립운동가로서, 독립운동의 후원세력으로서 그 역할을 다하였던 것이다. 2장에서는 만주지역에서 한인들이 전개한 독립운동을 전체적으로 살펴보았다. 특히 이장에서는 1930년대의 사회주의운동도 전체적으로 다루어 균형있고 통일적인 만주지역 한인독립운동을 체계적으로 정리하고자 노력하였다. 분단과 이념의 시대적 한계 속에서 제한된 범주의 연구밖에 할 수 없었던 시대적 아픔을 새삼 느끼게 된다.
>
> 3장에서는 만주지역에서 독립운동을 전개한 대표적인 인물인 김좌진과 여성독립운동가 남자현, 그리고 홍진에 대하여 알아보고자 하였다. 특히 이들 가운데 남자현여사의 경우는 더욱 주목할 필요가 있을 것 같다. 여성의 몸

으로 항일투쟁의 전장터에 나선 여사의 숭고한 정신에 고개를 다시 더 숙이게 된다. 독립운동에 나선 여성투사들에 대한 발굴과 독립운동을 후원하였던 운동가들의 아내들과 가족들의 희생과 지원에 대한 연구가 보다 활성화되는 계기가 되었으면 한다. 4장에서는 항일운동을 전개하다 순국한 독립운동가들에 대하여 밝혀보고, 그 순국의 참의미에 대하여 알아보고자 하였다. 아울러 친일파의 대표적인물인 이완용을 통하여 친일인사들의 궤적을 추적하고 그들의 논리를 살펴보고자 하였다.

목차를 보면 다음과 같다.

1부 만주지역으로의 한인이주와 거주여건

Ⅰ. 만주지역 한인의 법적지위-1931년 만주사변이전을 중심으로-

Ⅱ. 만주지역 한인의 거주 여건: 장학량 중국동북군벌정권의 대한인정책-특히 길림성을 중심으로-

2부 만주지역에서의 항일독립운동

Ⅰ. 만주지역에서의 항일독립운동

Ⅱ. 1910년대 만주에서의 한인독립운동

3부 만주지역의 한인독립운동가들

Ⅰ. 여성독립운동가 남자현의 민족독립운동

Ⅱ. 백야 김좌진의 민족독립운동

Ⅲ. 홍진의 만주에서의 민족독립운동(1927~1933)

4부 항일독립운동과 순국선열 및 친일파

Ⅰ. 한국 근현대사의 역사적 과제

Ⅱ. 순국선열과 '순국선열의 날'

Ⅲ. 이완용의 친미 · 친러 · 친일 행위

부록 내 인생에 깊은 인연과 영향을 준 스승: 남사 정재각 부록인 남사 정재각에 대한 글은 박영석의 학문과 인생을 이해하는데 큰 도움을 주는 글이다. 본서의 말미에 재수록하였다.

○ 『화사 이관구의 생애와 민족독립운동』(선인, 2010)

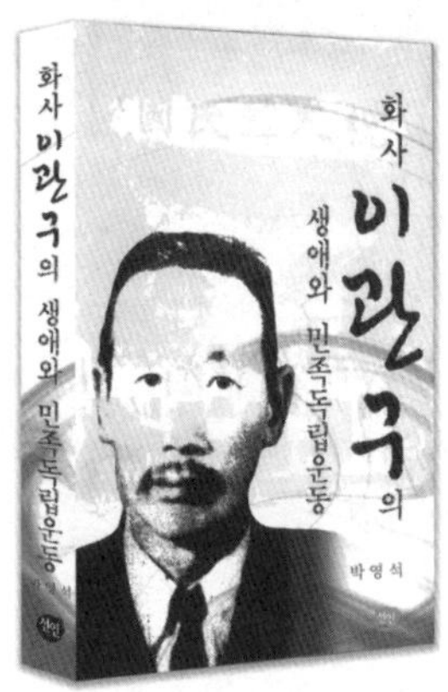

이 책은 1910년대 대표적인 독립운동가이면서 대한광복회 황해도 지부장으로 활동한 이관구의 생애와 항일운동을 체계적으로 정리한 인물전이다. 박영석이 병석에 있음에도 불구하고 혼신을 다한 것으로 원고 정리는 아들인 박환이 주로 하였다.

머리말은 다음과 같다.

> 1997년경 식민지시대 대표적인 독립운동가였던 이관구의 둘째 아들인 이하복(李夏馥)선생을 천안 자택에서 만날 기회를 가졌다. 마침 그의 자친인 여연수(呂連壽)여사도 생존해 계셔 함께 뵐 수 있어 영광이었다.

자택에는 이관구의 생애를 살펴볼 수 있는 여러 자료들이 후손에 의하여 잘 보관되어 있어 연구자의 관심과 탄성을 자아내게 하였다. 이관구의 저작인 『의용실기』, 『언행록』, 『도통지원단 (道通之元旦)』, 『독립정신』 등 다수의 한문 또는 국한문으로 쓰여진 글들과 그의 서예 작품들이 다수를 이루었다. 특히 주목되는 것은 『의용실기』와 『독립정신』이란 서첩이었다. 전자는 이관구가 그와 함께 활동한 독립운동가들의 전기를 기록한 것이었다. 그가 활동한 1910년대의 독립운동을 밝혀줄 수 있는 귀중한 자료여서 신선한 충격을 주었다. 후자는 해방 후에 우리나라 서예의 대가인 오세창(吳世昌)을 위시하여 김구, 이승만 등 독립운동가 그리고 종교계의 저명한 인사들의 주요한 붓글씨들을 수집한 것이었다. 특히 독립정신이란 주제 하에 받은 글이라 더욱 시대적 사명과 민족정신을 생각하게 하는 귀중한 것이었다.

유학자집안에서 성장하여 독립운동사를 연구해온 필자로서는 그의 방대한 저서에 경의와 존경심을 갖게 되었다. 아울러 이관구가 특히 1910년대 대한광복회 등 국내외의 대표적인 단체들에서 활발한 독립운동을 전개한 인물임에도 불구하고 그의 존재가 학계 및 일반에게도 거의 알려지지 않아 안타까운 마음 금할 길 없었다.

이에 필자는 이관구의 생애를 살펴봄으로써 지금까지 학계에서 집중적으로 조망을 받지 못한 그의 항일운동과 더불어 1910년대 항일운동의 빈 공간을 보완하는데 기여하고자 생각하였다. 그리고 이를 실현하기 위하여 이하복 선생과 더불어 이관구가 활동한 중국의 각 지역의 답사를 통하여 그의 항일운동의 전체적인 모습을 보다 생동감 있게 그려보고자 하였다. 그러나 답사에서 과로한 나머지 귀국 직 후 병마와 투병을 하게 됨에 따라 연구 계획은 차질을 빚을 수밖에 없었다.

이관구는 독립운동가, 서예가, 정치가 등 다양한 경력의 소유자이다, 또한 그는 그의 성격에 걸맞게 『도통지원단』, 『신대학』, 『의용실기』, 『언행록』, 『독립정신』, 『홍경래전』 등 다양한 저술을 남겼다. 이 가운데 필자는 그의 항일독립운동에 초점을 맞추어 알아보고자 하였다. 그런데 그의 항일운동의 중심 시대인 1910년대는 일제의 무단통치시대였으므로 독립운동이 가장 활발히 전개될 수 없는 시기였다. 그러므로 독립운동의 형태도 비밀결사 등 지하 활동 중심으로 이루어졌다. 그 결과 자료 등이 아주 산견되어 그 원형을 복원하는데 어려움이 있었다. 본서는 이러한 한계를 지니고 작성되었음을 양지해 주길 바란다.

아울러 본서의 기획 이후에 이충구, 김병헌, 정욱재, 조준희, 박환 등 여러 학자들에 의해 이관구의 주요 저서들에 대한 연구성과가 축적되었다. 이들의 연구 성과를 충분히 받아들여 본인의 부족한 점들을 보충하고자 하였다. 후학들의 연구에 감사드린다.

2009년 말 투병 생활 속에서도 항상 고민해 왔던 이관구에 대한 원고를 탈고할 수 있었다. 이는 물심양면으로 나의 병간호에 애써준 내자 김외태 여사의 덕분이 아닌가 한다. 아울러 항상 도와주는 제자 설재규선생께도 이 자리를 빌어 따뜻한 감사의 말을 전하고 싶다.

그동안 많은 자료의 제공과 더불어 물심양면으로 도와주며, 묵묵히 원고의 완성을 기다려 준 이관구지사의 아드님이신 이하복 선생님께 아울러 감사를 드린다. 이하복선생으로부터 부친에 대한 자식의 애끓는 효심과 부자의 정을 새삼 느낄 수 있었다. 또한 상업성이 없는 책자의 간행을 허락해 주신 선인출판사 윤관백 사장께도 고마운 마음을 전한다. 끝으로 원고 교정에 힘써주고 본론에 원고를 제공해주어 본서를 보다 풍성하게 하여준 돈아 수원대 박환교수에게 감사의 뜻을 표한다.

목차는 다음과 같다.

제1장 서론: 연구계획

제2장 가계와 성장

제3장 국내 수학과 민족의식의 형성

제4장 해외에서의 항일투쟁의 전개

제5장 국내에서의 항일투쟁의 전개

제6장 일제감옥에서의 항일투쟁(1918~1924)

제7장 석방 후 국내에서의 지하 항일투쟁(1924~1945)
제8장 해방 후 정당활동
제9장 역사연구로 방향 전환
제10장 이관구의 순국과 역사적 위상

〈보론〉 대한광복회와 이관구의 항일독립운동
대한광복회 연구: 박상진 제문을 중심으로
대한광복회 연구: 이념과 투쟁방략을 중심으로
대한광복회에 관한 새로운 사료: 『의용실기』/ 박환

위에서 볼 수 있듯이, 이 책은 1910년대 독립운동가인 이관구에 주목한 연구이다. 이관구의 경우에서도 알 수 있듯이 1910년대 독립운동가에 대한 연구자료가 거의 없기 때문에 이관구의 활동을 밝히는데에도 그만큼의 한계가 있었을 것이다. 앞으로 자료발굴을 통하여 무단통치시기 국내의 비밀결사활동 등이 보다 많이 밝혀지는 계기가 되기를 기대한다.

제2부

역사가의 직(職), 사회적 기여

1

국사편찬위원회 시절의 회고

역사학자의 사회적 기여는 학자에 따라 천차만별일 수 있다. 최근에는 공공역사가란 개념도 등장하여 학자들이 대중강연, 박물관 해설, 시민단체 참여, 방송 및 소셜미디어(SNS)를 통해서도 많은 기여를 하고 있으며, 민주사회의 발전을 위해 노력하고 있다.

박영석이 활동하던 1980·90년대에는 현재와 같은 상황은 아니었다. 박영석은 국사편찬위원회라는 국가기관을 통하여 사회적 기여와 더불어 역사학계의 발전을 위하여 나름 노력하고자 하였던 것 같다.

1980년대 국사편찬위원회를 신축, 과천시대를 여는데 일조하였으며, 특히 〈사료의 수집 및 보존 등에 관한 법률〉을 제정하는 데 일익을 담당하였음은 주목된다. 아울러, 중국·러시아 등과의 국교수교를 계기로 외국에 있는 자료 수집에 기여하였으며, 국내에 있는 독립운동사 자료들도 다수 수집·정리하여 간행하였다. 박영석의 국사편찬위원회 시절 회고를 통하여 그 일단을 알아보기로 하자.

구술주제	국편에서의 활동을 회고하다.
구 술 자	박영석
대 담 자	박 환·김용곤
구 술 일	2011년 9월 22일
구술 장소	서울시 강남구 논현2동 232-21 구술자 자택

박 환 : 오늘은 2011년 9월 22일입니다. 오늘 국사편찬위원장을 역임하신 박영석 전 위원장님을 모시고, 자택에서 구술면담을 시작하도록 하겠습니다. 자택은 강남구 논현동 232-21번지입니다. 박 위원장님께서는 고려대학교 사학과를 졸업하시고, 경희대학교에서 박사학위를 만보산사건 연구로 하셨습니다. 그 뒤에 영남대학교, 건국대학교 등 사학과에서 교수로 봉직하시다가, 1984년 2월에 국사편찬위원회 제 5대 위원장으로 부임하셨고, 94년 7월 14일 날 이임할 때까지 약 11년간에 걸쳐 국사편찬위원회 위원장으로 헌신하셨습니다. 오늘 박영석 위원장님을 모시고, 저는 박영석의 큰아들로 박환, 수원대 사학과 교수입니다. 그리고 국사편찬위원회 근무하시는 김용곤, 김득중 선생님들께서 함께 면담에 임하셨습니다. 위원장님, 조금, 이제 질문을 드리도록 할게요.

구술자 : 내가, 이거 나중에 참고로 하세요. 내가 왜 고려대학교 나와 가지고 경희대학교의 박사과정을 들어갔느냐? 이거를 상당히 나한테 물어보는 사람이 많은데, 이거는 고려대학교의 정재각 교수(중국 명대 전공)가 나를 지도를 하면서 박사과정은 사실은 그 분야의 박 교수가 만보산사건을, 만주 관계를 전공을 했는데, '만주 관계의 근현대사를 전공한 교수를 찾아가야 된다.' 그때 경희대학에 대학원 원장으로 계신 분이 이선근 박사였었어요. 이선근 박사는 만주에 있었고, 근현대사를 전

공하면서 만주 관계를 공부를 했어요. 그래서 대학원 박사과정을 대학을 찾아가는 게 아니고, 그 전공 교수를 찾아가야 된다. 이렇게 하면서 나를, 고려대학교 아세아문제연구소 소장였던 이상은 교수가 계세요. 철학과 교수인데, 학문적으로 유명했는데, 그 교수의 소개로 이선근 총장을 소개해 줘가지고 경희대학 박사과정을 입학을 해서 이선근 총장하고 인연이 된 겁니다. 그리고 그로인해서 경희대학을 또 가게 된 거고요. 그거를 일반 세인들이, '왜 고려대학을 나와 가지고 경희대학에 갔느냐?' 문의를 하는데, 일일이 답변을 할 수 없고, 이 기회에 내가 이 말씀을 드리는 겁니다.

김용곤 : 예. 좋은 말씀이십니다.

구술자 : 참고로 해주세요.

박　환 : 84년에 국사편찬위원회 제 5대 위원장으로 취임을 하시게 됐는데, 특별한 어떻게 계기라든가, 뭐 이런 게 있으셨어요?

구술자 : 그 전혀 없었고, 뒤에 안 일이지만, 장관이 불러서.

박　환 : 예. 권이혁 장관이요?

구술자 : 얘기가 돼서 간 거지, 다른 거는 아무 것도 없어요.

김용곤 : 그거 조금 전에, 아까 말씀 하셨던 것 조금만.

박　환 : 예. 김철준 교수님께서 추천을 하셨다고요?

구술자 : 어?

김용곤 : 서울대 국사학과의 김철준 교수님이.

구술자 : 아! 김철준 교수가 나를 추천을 해서 내가 간걸로 그렇게, 그리고 같이 천거를 해준 분은 이종찬 그 국회위원이 천거한 걸로, 이렇게 뒤에 들었어요, 그것도.

박 환 : 예. 국사편찬위원회에 가셔서 과천에 국사편찬위원회를 신축하셨잖아요? 그때 굉장히 예산 확보라든가, 여러 가지 측면에서 굉장히 애를 많이 쓰신 걸로 알고 있는데, 그때 이야기 조금 해주세요.

구술자 : 그거는….

박 환 : 그 당시에 저기 그 남산에 청사가 좀 형편이 없었잖아요?

구술자 : 맞아. 내가 부임하고 난 뒤에 설계 돼서, 과천에 설계 돼서 보니까 국사편찬위원회, 내가 사실은 건축에 좀 안목이 있는 게, 영남대학에 있는 동안에 영남대학 건축에 그 위원회 위원이 돼가지고, 영남대학 새로 건축하는데 설계자문위원으로 있었기 때문에 건축에 대해서 어느 정도 안목이 있었어요. 그렇기 때문에 내가 우리 과천에 국사편찬위원회 건물의, 그 대지에 설계도를 보니까 빨간 벽돌로 2층이었어요. 그것을 외부는 고건축 석조 건물 4층으로, 그리고 건평도 배로 증축하게 된 것은 내 개인의 판단에 근거한 측면이 강해요. 내가 당시 문화재위원으로 일하고 있었기 때문에 문화재위원회, 고건축분과위원들과 잘 알고 있었어요, 그 분들도 대부분 대학교수분들이었구요. 그래서 그분들한테 부탁하여 건축위원으로 위촉을 해가지고 증축 재설계를 해서 오늘날 그 큰 건물을 이룩하게 되었지요. 이것을 가능하게 해준 사람은 이종찬 의원이에요. 그 당시 여당인 민정당내에 민족사

관정립추진위원회(위원장 민정당 총무 이종찬, 간사 조남조-후에 국회의원, 전북지사)가 설치되어 국사편찬위원회와 독립기념관을 적극 후원하였지요. 그 다음에 그때 경제기획원 예산실장이 문희갑이라고 있었어요. 문실장의 도움으로 예산을 확보하는데 도움이 되었어요. 국회에서 예산을 확보하는데 공로자는 이종찬 의원이고, 그 다음에 뒤에 숨어서 도운, 예산을 도운 사람은 문희갑 실장이에요. 그 뒤에 국편의 발전에 대해서는 전두환 대통령이 국편 준공식에 참석하시어 그분이 장시간 국편에 대한 좋은 말씀이 있었는데, 그것은 지금 기록돼 있는 게 국사편찬위원회 휘보에 그 회고에 그 글이 다 실려 있습니다. 그거를 보면 알 수가 있는데, 그래서 그 뒤로부터 우리 정부당국도 국사편찬위원회에 대해서 이해를 하게 되고, 많은 도움을 주게 된 게 아니냐, 그 후광을 입어서 내 자신도 좀 노력하여 국편 발전에 도움을 가져오게 됐다, 그런데 예산에 대해서는 그 뒤에 다음에 예산실장 한 사람이 이진설이라고 있었어요. 그래 그 사람이 실무진을 이끌고 국사편찬위원회에 와가지고 나한테 일일이 보고, 설명을 듣고, 국편의 하고자 하는 예산을 전부 전적으로 지원해주겠다고 해서 와가지고 일일이 듣고, 보고 갔어요. 이런 일은 사실 드문 일일 거예요. 그렇게 해서 아주 국편의 일을 하기가 아주 용이했는데, 여기에 내가 솔직한 얘기로요, 인력을, 국편의 인력증원을, 정부의 인력을 담당하는 거는 교육부가 아니고, 총무처에요. 그런데 인력이 없으면 일을 할 수가 없어요. 그런데 암만 일을 하고자 해도 인력이 없으니까 예산이 많아도 별 수가 없어요. 그런데 이 할 얘기는 아니지마는, 국편 직원이요, 내가 예산 많이 따오는 거를 아주 싫어합니다. 왜 싫어하느냐? 자기 일이 많으니까, 사실 또 일을 많이 하기를 좋아하는 사람이 없어요. 그래서 사실은 국편 발전하는데 인력을 확보를 해야 일을, 국편이 하고자 하는 일을 할 수가 있어요. 그 중간에 인력 확보하는 문제도 나중에 질문할 때 내가 대답을 할 꺼고.

박 환 : 네. 잠깐만 물 조금만 드시고 하시죠. 제가 하나 여쭤볼게요. 국사편찬위원회 가셔서 사료수집보존법, 그거 제정하셨잖아요?

구술자 : 예.

박 환 : 그거에 대해서 좀 한 말씀 해주세요.

구술자 : 네. 그거 아주 중요한 얘기에요. 국사편찬위원회 설치기준인가요, 대통령령(令)으로 됐어요. 령으로. 령으로 됐는데, 이거는 언제나 국편을 존폐를 할 수 있어요. 할 수 있고, 폐지도 할 수 있고, 설치도 할 수 있고, 이거는 국회의 동의를 안 받아도, 쉽게 말하자면 국사편찬위원회는 법률기관이 아니에요. 법률기관이 아니기 때문에, 그래서 내가 교육부에 이거를 건의를 많이 하니까 장관하고 나하고 이견이 생기는 거죠. 그래서 한 번은 교육부 장관이, '국사편찬위원회를 정부 기관에 두지 말고 별도로 정신문화연구원 같이 독립을 하고 나와 버려라. 국사편찬위원회가 교육부에서 떠나버려라.' 그래가지고 내가 국편에 돌아와서 회의를 해서 문의하니까 안 하겠다 이거에요. 교육부 안 떠나겠대. 떠나면 인사권이 보장 안 되니까 언제 어떻게 될지 모르니 다

반대를 해요. 그래서 내가 할 수 있나? 그래서 내가 김용래 정부 행정에 조예가 깊은 그 장관한테 상당히 개인적으로 정부조직에 대해서 자문을 많이 받았어요. 내가 교육부로부터 독립을 할려고 그래서, 독립을 하려고 그러니까 김용래 장관이 말려요. 독립하지 말라고. '독립하면 예산 문제고 보호해주지 않고….' 이건 실례의 얘기지만, '박 위원장 같은 사람이 국편에 있으면 발전시킬 수 있지만, 때에 따라서는 잘못되면, 인사가 잘못되면 아주 어려워질 수가 있다. 예산도 확보하는 거 도와줄 사람도 없고, 독립관청이 돼서 잘 될 수도 있지마는, 못될 수가 많다. 그러니까 장관이 객관적으로, 개인적으로 독립하지 마시오. 독립하면 아주 곤란해진다.' 여러 가지 자문을 내가 많이 받았어요.

국사편찬위원회 위원회의(남산)

박 환 : 사료수집보존법*을 제정하셨는데.

구술자 : 그래서 령으로 돼 있기 때문에, 국편이 언제든지 폐지할 수 있기 때문에 이거 폐지하지 않게 하기 위해서 사료보존 입법을 국회에서 제정했어요. 그런데 이 법 제정하는데 아주 애로가 많았어요. 문공위원장도, 많이 도와주고, 이종찬의원, 조순형의원, 도와준 사람이 많아가지고 사료보존 입법을 만든 거예요. 국편을 장관이 마음대로 없애버리고 할 수 없게끔 해야 된다, 그래서 령으로 된 거를 사료보존 입법을 국회에서 만들었기 때문에 국사편찬위원회를 마음대로 없앨 수 없다, 이렇게 하기 위해서 사료보존 입법을 만들었어요. 만들었고, 여기에 또 하나 중요한 거는요, 연구사를, 연구관, 연구사는 이 교육부에서 언제든지 인사 이동을 시킬 수 있어요. 그래서 국회의원 빽이나, 장관 빽이나, 어떤 일이 있으면 난데없이 국사편찬위원회 연구관, 연구사로 와요. 와가지고 여기에서 자리가 비어서 연구사에서 연구관이 빨리 올라갈 수 있다, 이래가지고 또 연구관이 되면은 다시 다른 데로 가버려요. 그래서 내가 위원장으로서 내 부하를 말이야, 마음대로 이렇게 하니까 내가 아주 기분이 나빴어요. 자존심이 상했어요. 그런데 그뿐 아니라요, 연구사, 연구관, 이거를 과장, 직원, 이 사람들이요, 국편을 좀 생각해서 인사이동을 하는 게 아니고, 인사이동이 너무 자주 빨리해요. 그래서 내가 보니까 내가 11년 동안에 우리나라에, 내가 할 얘기는 아니지마는, 장관이 11명 바뀌었어요. 그리고 우리 국편에

* 정식 명칭은 〈사료의 수집 및 보존 등에 관한 법률〉(법률 제3976호, 1987.11.28, 제정).

사무국장이 9번 바뀌었어요. 내가 왜 이거를 기억을 하느냐면, 아주 기분이 나빠서예요

박 환 : 예.

구술자 : 그래서 사료보존 입법을 만들어서, 여기에 아주 요점 하나 얘기할 게 있어.

박 환 : 예. 말씀하십시오.

구술자 : 왜 사료, 국편은 연구사를 두면 안 되겠다, 연구관을 두면 안 되겠다, 그래서 그 박홍갑이가 된 게 뭐예요?

김용곤 : 예. 편사연구직이요.

구술자 : 예?

김용곤 : 편사연구직. 편사. 편사직.

구술자 : 그래. 편사직을 내가 사료보존 입법에 넣었어요. 왜냐? 편사연구사, 편사연구관이 되면은 이게 교육부에서 다른데 사용할 데가 없거든. 내가 꾀를 내가지고 내가 이거를 막는데, 내가 얘기해가지고 막을 방법이 없어요. 그때 내 자존심을 살리기 위해서는 못 가게 하는 데는 편사연구사, 편사연구관을 해야 되겠다, 그래서 편사연구관이, 연구사나 연구관이 돼가지고 지금 국사편찬위원회 편사연구부장이 된 사람이 박홍갑이가 처음이요.

김용곤 : 예. 그렇습니다.

구술자 : 이거를 만들기 위해서 사료보존 입법도 했지만, 이걸 하기 위해서는

총무처의 인원을 받아야 되요. 이게 내가 교육부 장관하고 의견이 달랐기 때문에 편사연구사 10명을 총무처로부터 티오(TO)를 받는다는 거는 있을 수가 없어요. 국편을 크게 지어놓고, 국편은 이름만 떡 내놓고 사람이 없단 말이야. 이래 사료보존입법에 편사연구사를 넣어가지고 교육부 마음대로 인사이동을 못 하게 국편의 자주성을 확립을 해야 되겠다, 내 나름대로 아주 고생을 많이 했어요. 그래가지고 이 법을 만들어서 해가지고 10명을 만들었는데, 교육부의 티오가 전부 몇 명 안되는 가운데, 10명을 내가 빼버려 갔으니까 교육부가 아주 화가 났었다고 전해 들었어요. 〈예산정원〉이란 명목으로 박사학위소지자 10명을 채용하여 국편에 근무하게 하였지요.

박 환 : 예. 사료연수과정, 거기 일본어 초서하고, 뭐 이런 거.

구술자 : 어?

박 환 : 사료연수과정을 만드셨잖아요?

구술자 : 어.

박 환 : 네. 일본어 초서(핸타이 가나)라든가, 이런 거 공부하는 거, 그거는 왜 만드셨어요?

구술자 : 사료연구과정이고, 또 뭐야? 저거….

박 환 : 또 전산실도 만드셨잖아요? 컴퓨터 하는 거.

구술자 : 어, 어. 한문 연수하는 거, 이런 거 했는데, 내가 사실은 국편에 와 있는 연구사나, 편사연구사나 이 사람을 교수직을 갖게끔 말이야, 이거를 하면은 국편에 교수하려고 자꾸 바깥으로 나가려고 하는 사람을

어떻게 하면 막을 수 없겠나? 국편이 안정되고, 월급도 많고, 교수직으로 있을 수 있게끔 해야 되겠나? 이거를 고민을 하고, 또 연구비도 일종의 국편에 나오는 것도 국편 직원도, 연구사도 받을 수 있게끔 만들어야 되겠다, 이렇게 해가지고 한문연수과정을 일단 출발시켜서 키워가지고 이렇게 해야 되겠다, 그래서 연수과정을 만들었어요. 그것도 만들었는데, 민족문화추진위원회고, 어디고 반대하는 일이 참 많았어요. 이거 어렵게, 어렵게 해가지고 만들어서 추진하는데, 뒤에 내 나오고 난 뒤에 흐지부지 돼 버린 모양인데, 내 나오고 난 뒤에 내가 만든 게 흐지부지한 게 한두 가지가 아니에요.

박 환 : 지금도 연수과정 있지 않아요?

김용곤 : 네. 그런데 옛날만큼은 이제 아니시라는 그런 말씀 같아요.

박 환 : 아~.

구술자 : 그리고 국사관논총 같은 것도 연구비도 거기 어떻게 했는고 하면, 내가요, 지방에 있는 대학교수들이 연구비 받기 힘들고 그래요. 그래서 지방에 있는 교수들도 연구비를 골고루 받게 하기 위해서 대통령한테 직접 말씀드려 국사관논총의 연구비를 몇 억을 그때 받았어요.

박 환 : 예. 저기 국사편찬위원회의 전산실, 컴퓨터실.

구술자 : 어?

박 환 : 전산실. 컴퓨터실 만드셨죠?

구술자 : 어.

박 환 : 그걸 왜 그 당시에 일찍 만드셨어요?

구술자 : 그거는 사실은 내 아이디어가 아니고, 밑에서 하자 그래가 했어요, 그거는.

박 환 : 아~. 국편의 그 당시의 직원이. 국사편찬위원회가 딴 기관보다, (큰 목소리로) 딴 기관보다 전산실을 좀 일찍 만들었다 그러더라고요. 정보화사업을 일찍.

구술자 : 어, 어.

박 환 : 그러니까 직원분들이, 연구하시는 분들이 많이 주도를 하셨군요?

구술자 : 그거는 내가 사실은 그런 면에서는 별로 아이디어가 없는 사람이에요. 그때 밑에서 하자 그래가 한 거예요.

김용곤 : 저희가 이제 기억하기로는.

구술자 : 밑에서, 그때 내 이름을 잊어버렸는데, 뭐 그 분야에 밝은 사람 하나와 있었어요.

김용곤 : 예. 노정록 선생이 나중에 왔었고요.

구술자 : 예. 그 사람은 내가 안 됐는데, 노정록은 능력이 있고 일을 잘하였는데, 진급을 빨리 좀 시켜야 하는데, 내가 시켜주지는 못 하고 내가 물러났어요.

박 환 : 예. 물 좀 드시고 하시고, 천천히.

김용곤 : 그래서 이제 사실은 전산실이 박영석 위원장님 오시면서 대폭 강화됐고.

박 환 : 모든 게.

김용곤 : 모든 게 이제, 아이디어는 이제 밑에서부터, 그 이전서부터 조금 있었지만, 조금씩 있었다고 하는 게 뭐냐면, 우리 기억에는 조선왕조실록 분류

사, 분류사를 추진할 때도 이미 전산화 검토를 했었거든.

박 환 : 아~.

김용곤 : 그때. 교수들 찾아가서 이거 전산화 쪽으로 할 수 없느냐, 해가지고 사실은 조선왕조실록 분류집 우리가 추진할 때부터 전산 쪽의 검토를 했었거든요. 아마 그런 밑받침 속에서 추진되다가 박영석 위원장님 오시면서 대폭 보강이 되고, 전산실이 설치가 되고, 이게 본격적으로 추진이 된 건 박영석 위원장님 공이시죠.

박 환 : 예. 국사편찬위원회 가셔가지고 주한일본공사관기록 있잖아요? 그리고 독립운동사자료집 많이 내셨잖아요? 그 자료 수집이라든가, 자료 발행, 이런 거에 대해서 좀 한 번.

구술자 : 내가 거기 얘기할 게 많아요.

김용곤 : 예. 차분하게 이야기하세요.

구술자 : 주한일본공사관기록 그거를 완성하게 된 거는요, 그 계기가 다 있어요. 그런데 노신영 총리가요, 우리 국편을 방문을 했어요. 노신영. 주한일본공사기록을 완성하게 된 거는 노신영 총리가 전두환 대통령이 준공식에 참석하기 하루 전에 앞서서 왔어요. 왔는데, 그때 교육부 장관이 왔어요. 와서 상당히 기분이 나빴겠죠. 내가 사실은 노신영 그 총리를 초청한 것도 아닌데, 그 사람이 나한테 먼저 방문해도 좋겠냐, 총리가 오겠다는데 내가 못 오게 할 수 있나? 그래 오니까, 그 사람 오니까 그럼 교육부에서 총리가 오면 장관이 반드시 와야 될 꺼 아니에요? 그래 교육부 장관이 기분이 나빴지. 그때 주한일본공사기록에 대해서 노신영 총리가 외무부 출신이니까, 외교관 출신이니까 관심이

많았어요. 그래, '이거를 왜 이렇게 지지부진하게 나뒀느냐?' 그래서, '예산이 없어서 그렇습니다.' '그러면 내가 예산 해주마.' 그래가지고 총리가 교육부 장관한테 지시하고, 자기가 예산을 만들었어요. 그래 주한일본공사기록을 빨리 만들게 됐어요. 그래서 그거는 노신영 총리와 교육부 장관 손재식의 덕택에, 지원으로, 후원으로 빨리 이루어지게 된 거예요. 참 국편의 입장에서 고마운 분들이예요.

박 환 : 이거 저기 한민족독립운동사자료집도 많이 간행하셨잖아요?

구술자 : 한민족독립운동사자료집도.

박 환 : 그거는 그 당시에 총무처….

구술자 : 어?

박 환 : 그 당시에 총무처 장관이, 박세직 씨가 총무처 장관이었나요?

구술자 : 박세직이는 뒤에서 도와줬지, 앞에 나서지는 않았어요.

박 환 : 그 한민족독립운동사, 검찰 조서라든가, 이런 거를 다 이렇게.

구술자 : 그거는 지금 국회의장 하는 박 뭐야?. 당시는 부산지검 검사장이었는데--

박 환 : 박희태.

구술자 : 어?

박 환 : (큰 목소리로) 박희태.

구술자 : 어. 박희태 부산검사장이 부산에 보관되어 있는 독립운동 사료를 다 우리한테 기증을 했어요. 그리고 참 박세직장관이.

박 환 : 그 당시 총무처 장관.

구술자 : 그리고 박세직씨가 총무처 장관을 할 때 그 자료를, 사료보관이 총무처 소관이거든. 그때 그 사람이 얘기를 해가지고 그때 그게 어디에 보관돼 있었느냐?

박 환 : 검찰청에 있던 게 아닌가요?

구술자 : 어. 검찰청에 보관돼 있는 게, 그게 독립운동사자료, 그 독립운동사자료가 검찰청에 보관되어 있다는 정보를 윤경로 교수가 당시 편사부장이었던 신재홍 부장에게 알려주었어요. 그래서 내가 박세직씨가 총무처 장관한테 얘기를 해서 그 자료를 국편으로 다 가지고 와서 독립운동사자료집을 방대하게 내게 됐어요. 박세직 총무처 장관할 때 우리한테 자료를 다 넘기고, 그 다음에 안기부의 북한관계 자료, 안기부의 북한관계 자료를요, 우리가 북한관계 사료를 수집을 하고 있었거든요. 그런데 서동권부장을 만났을 때 서동권부장이, '안기부에 있는 북한관계 자료를 우리한테 다 넘겨주겠다.' 그래가지고 안기부에 보관돼 있는 북한관계 자료를 우리한테 다 넘겨줬어요.

박 환 : 그 당시에 서동권씨가 안기부장 할 때잖아요? 그렇죠?

구술자 : 어. 그 다음에 박세직 씨가 도와준 것은 내가 외국에 많이 나갔단 말이야. 외국에 산재돼 있는 자료를, 독립운동관계 자료를 수집하는데, 외교부에 연락해가지고, 외교부에서 예를 들어서 독일이나, 뭐 러시아나, 외국에 있는 사료를 도와주게끔 연락을 다 해줬어요. 그래서 외국에 가면은, 사실은 국사편찬위원회에서 나왔다 해봤자 알아주지를

않아요. 그런데 박세직장관이 사전에 연락을 해 놓으면, 외국 대사관, 공사관에 일일이 연락을 해줘가지고, 그래서 가면은 비행기장에 차가 나오고, 있는 동안에 차를 내주고, 이렇게 해서 외국에 나갔을 때 아주 편리를 많이 도모해 줘가지고 우리 외국의 사료수집에 도움을 받았어요. 그래서 외국의 공사관에 대해서 사실은 감사를 표해야 되요. 그래서 외국의 사료를 국편에 가져올 수 있었던 것은 외무부 외국대사관의 협력이 절대적이었어요. 이 기회를 들어 감사를 드리고 싶네요.

박 환 : 저기 중국에, 중국에서도 자료, 당안관 같은 데서도 자료 많이 갖고 오셨잖아요?

구술자 : 어.

박 환 : 그 이야기 한 번 좀, 혹시 기억나시는 것 있으시면. 아니면 뭐 러시아 쪽에도 톰스크, 모스크바, 블라디보스토크 문서보관소도 가시고.

김용곤 : 뭐 김우종 교수하고도.

박 환 : 예. 그러니까 그 저기 중국의 하얼빈의, 하얼빈의 김우종교수 있잖아요? 김우종교수

구술자 : 어, 어.

박 환 : 예. 그 흑룡강성 사회과학원, 그쪽에서 뭐 자료관계라든가, 혹시 국편의 수집관계.

구술자 : 그거는 개인적인 나의 노력이지. 김우종씨의 노력도 컸지. 중국측은 중국당국의 자료에 대한 통제가 심해서 힘들었어요.

박 환 : 그 러시아 쪽에서 뭐 자료수집관련은 뭐 좀 하실 말씀은 없으시고요?

김용곤 : 뭐 개인적인 거라도 좋은데요.

구술자 : 그래 내가 말이야, 오늘 하루에 끝내지 말고.

김용곤 : 예, 예. 알겠습니다.

박 환: 다음에 하실 말씀은

구술자 : 그리고 또 하나 꼭 들어야 될 게 하나 있는데, 다쓰미라고 말이야, 일본 오사카에 다쓰미…, 그 사람의 국편에 문고가 설치 돼 있어요. 그 사람이 기증한 책을 말이야. 그리고 그 사람이 주한, 그 뭐야? 그….

박 환 : 대마도종가문서요?

구술자 : 대마도종가문서의 그 뭐고? 병풍 말이야. 뭐라 그러나?

박 환 : 통신사행렬도요?

구술자 : 어…, 대마도…, 내가 적어 놓았는데.

박 환 : 예.

구술자 : 국편에 지금 보관돼 있어요.

김용곤 : 예. 그럼 말씀하시는.

구술자 : 예. 아! 통신사행렬도. 통신사행렬도, 그게 아주, 통신사행렬도 병풍 말이야. 그거를 일본에서 가져왔어요. 그게 다쓰미가, 다쓰미라고 그게 한자로 이렇게 해서.

김용곤 : 한국이름으로는 박영훈(朴英勳)으로 알고 있습니다.

구술자 : 그 사람 이름이 이거야.

김용곤 : 선훈(巽勳)*. 예, 예. 저희가 알고 있습니다.

구술자 : 선훈.

김용곤 : 예. 선훈, 다쓰미.

구술자 : 그리고 그 사람의 문고(文庫), 그 사람의 행렬도, 여기에 보답하기 위해서요, 대통령한테 대통령 문화국민공훈훈장을 받았어요. 대통령의. 문화국민훈장을 받았고, 내가 개인적으로 그 사람 돌아가셨을 때 비문도 내가 지어줬고, 그 사람이 일본에 서 돌아가셨을 때 그 문상을 오사카까지 갔어요. 그래서 그 다즈미 문고와 동시에 통신사행렬도 병풍 기증 받은 거, 그게 상당히.

김용곤 : 예. 귀중한.

구술자 : 다쓰미를 처음 소개한 것은 이원순 교수의 친구였어요. 내 다음에 국편 위원장 한 이원순교수, 이원순위원장의 공로도 컷어요. 그리고 내가 그…, 그 뭐야? 노태우 대통령이 큰 관심을 가질 적에도 일본에 가가지고 대마도종가문서 전시회도 하고, 그 학술발표회도 했어요, 동경에서. 그리고 동경만 한 게 아니고, 나라에서도 하고, 대마도에서도 하고 했는데, 일본 주한대사 중에서 대마도로 간 것이 이번 우리 행사에 처음으로 대마도 갔다 그래요. 왔다고 그래요. 이게 행사가 좀 컸어요, 그때 대마도.

김용곤 : 그래서 이와 관련해가지고 국편의 이훈 박사의 공로가 컸지요.

---

* 박영훈(朴英勳)의 일본이름. 1987년 11월, 조선통신사행렬도를 비롯한 한일 관계자료 9백여 점을 국사편찬위원회에 기증했다. 『동아일보』, 1987. 11. 26. 참조

구술자 : 그리고 내가 숨은 얘기인데, 내가 일본에 우리나라의 많은 문서를 약탈해간 데라우치 문고(寺內文庫)라고, 야마구치현의 야마구치여자대학에 보관돼 있었어요. 그것을 가져올라고 노력을 무수히 하다가 내가 국편 위원장을 그만둠으로 인해서 실패를 했어요. 중지가 된 거죠.

김용곤 : 나중에 이 문서는 경남대학인가 어디서, 데라우치 문서. 위원장님께서 먼저 그때.

구술자 : 이 정도 하고.

박　환 : 네. 그 다음에 북한, 남북 간의 교류사업 있지 않았었습니까?

구술자 : 어.

박　환 : 북한하고 이렇게 그 뭐 자료교환이라든가, 이런 거, 학술 쪽에서.

구술자 : 기억이 안 나.

박　환 : 예. 그 다음에 그…, (김용곤에게) 그 다음에 중간에 조금 여쭤볼 거 있으시면.

김용곤 : 연수과정 설치하고 관련해가지고요, 아까도 말씀하셨는데.

박　환 : 국사편찬위원회에 연수과정 만드셨잖아요? 연수과정, 초서과정이라든가.

구술자 : 어.

김용곤 : 그때는 대학원 과정으로 생각하시지 않으셨습니까?

구술자 : 어?

김용곤 : 대학원 과정. 2년제. 처음에 설치할 때.

박　환 : 원래 대학원 과정으로 2년제를 생각하셨어요? 그거 하실 때요?

김용곤 : 교수직으로 뭐, 아까 말씀에.

구술자 : 그런 구상했지만, 다 실패로 끝났어.

김용곤 : 예. 실패로 끝났다고 말씀을 안 하시는데, 처음에 저희가 알기로는 그걸 대학원 과정을 해가지고 국편을 교수직으로 하고.

박 환 : 아까 교수직 말씀하신 게.

김용곤 : 예. 그 말씀.

구술자 : 내가 사실은요, 남이 알아주지는 않지만, 내가 유교사상을 지닌 사람으로서 국편을 사랑하는 마음은 내 몸과 같이, 내 우리 집과 같이요(如身如家), 그래서 국사편찬위원회를 내가 만년 있을 것처럼 내일 떠나도 만년 있을 것처럼 했어요. 일이 마음대로 되지 않았고요. 그 다음에….

김용곤 : 하여튼 저희가 알기로는, 하여튼 뭐 예산확보라든가, 우리 기구 확대라든가, 여러 가지 국편 기능강화를 위해서 관계되는 분들, 아까도 말씀하셨습니다마는 예산실의 문희갑 실장이라든가, 국회의원, 이종찬 국회의원을 비롯해서 장관 등, 수시로 필요하신 분들을 뭐 아침, 저녁 시간에 구애받지 않으시고 이렇게 찾아가시고.

구술자 : 내가 처음에 국편에 가니까요, 한국사휘보를 바깥에서 간행하고, 그만두고, 국편서 안 하고, 국편에서 사료만 만들어가지고 주고, 간행은 바깥에 하기로 이현종위원장이 그래 얘기 했던가 봐요. 그래서 내가 사실은 돌아가신 분에 대한 얘기 할 거 아닌데, 내가 그거를 반대를 해가지고, 국편에서 부수를 더 많이 만들어서 우리 역사하는 사람한

테 한국사휘보가 동향을 알 수 있으니까 그거를 그대로 공급을 해야 된다, 그래가지고 확대해서 국편에서 그걸 계속 간행했어요.

박 환 : (김용곤에게) 국편에 이임하시기 전까지 특별히 여쭤보실 말씀 있으시면, 그 다음에는 대체적으로 다음 이야기들이어서.

김용곤 : 그 저기 뭡니까? 국편의 연구 부분하고 좀 관련해가지고요, 아까 연구비, 국편 직원들한테 연구비 지급하기 위해서 상당히 애쓰셨다는 그 얘기를.

구술자 : 나는 이거를 생각하다가 제대로 하나 못 한 거는 말이죠.

김용곤 : 예.

구술자 : 국사편찬위원회 기구를 말이죠, 편사과정을 말이죠, 그거를 완전히 연구과정을 해가지고 그게 국사연구를 하면서 국사에 관한 편찬을 하게끔 이렇게 하고, 완전히, 한편으로는 완전히 사료만 취급하게끔 말이죠, 사료만 간행하는데 전력을 기울이는 두 파트로 나누었으면 했는데, 이게 제대로 되질 않았어요.

박 환 : 연구와 자료편찬으로.

구술자 : 그리고 한문연구과정 그거는 우리나라의 국사를 제대로 연구하려면 한문을 사실은 깊이 공부를 해야 되요. 한문 실력이 없이는 한국사 연구가 제대로 되지를 않아요. 그래서 내가 아까 얘기한대로 국사를 깊이 연구하고, 심화시키려면 한문과정을 발전시키고, 그렇게 해서 우리 국사편찬위원회를 교수과정으로 해서 바깥에 나가지 않게끔 해야 되겠고, 그 다음에 내가 연구사를 외부에 왔다 갔다 하는 그런 거를 방지하고, 편사직으로 해가지고 못 가게 만들어야 되겠다. 그리고 내

가 여기에 하나 빠진 거는, 아까 교육부에서 우리가 편수직 10명을 증원을 했잖아요. 그거를 만드는 과정이 말이죠, 사실은 아주 어려웠어요. 아주 어려웠는데, 여기에 도움을 준 사람이요, 총무처 유기열 인사국장, 인사국장이, 총무처 유기열 인사국장이 앞장을 섰고요. 여기에 뒷받침 한 사람이 총무처 기획관리실장 황병인, 총무처 차관 송관호라고 있었어요.

김용곤 : 예.

구술자 : 유 인사국장을 뒷받침해서 적극적으로 밀게 해준 사람이, 농협 회장 한호선이에요. 이 사람이 나하고 친해서 이 사람을 연으로 해가지고 유기열 인사국장, 황병인, 이런 도움을 받아서 결과적으로 교육부가

국사편찬위원회 시절 회의를 주관하는 모습(남산)

그래 반대하고, 어려운 일을 우리 국사편찬위원회 편사직원을 결과적으로 시험을 보게 하고, 성공을 해서 증원을 받은 거예요. 이거는 사실은 어려운 일을 해낸 겁니다. 그래서 국편이 앞으로 확대되려면, 정식 편사연구직을 인원을 증원을 계속, 뒤에 오는 위원장이 노력을 해가지고 국편을 발전시키려면, 첫째는 증원을 해야 되고, 둘째는 예산을 확보해야 되고요. 기구 확장하고, 예산하고, 그 다음에 올바른 계획을 세워가지고 해야 발전하지, 인원 늘리지 않고요, 내가 왜 그 용역직을, 와 있는 사람 많아요. 내가 파악을 해보니까요, 우리 정식 직원은 밑에 용역직원을 몇 명 둬가지고 그분들 일을 시키고, 사실 대부분은 열심히 했지만 때에 따라 연구직 가운데 일을 좀 적게 하는 경우도 있었어요, 사실은 내가 보니까. 들으면 나중에 나를 욕을 하겠지마는, 임시용역직은, 그래서 임시용역직이 뭡니까? 그…, 한 달에 백만 원인가 얼마 받고 와 있는 임시용역직을, 내가 그 사람들을 가급적이면 내보내고, 정식직원을 만들어서 그 사람들 장래를 있게끔 해줘야지, 용역직을 10년이고 데리고 있는 거는 참말로 안타깝다. 내가 마음속으로 그 사람들을 내보낼 때는 내 아주 눈물이 났어요. 내보낼 때는 눈물이 나고, 마음 안 됐는데, 그 사람을 내보내고, 정식직원을 만들어가지고, 그 사람이 당당하게 돈도 제대로 받고, 또 승진도 하고, 그 뒤에 평생연금도 받고, 퇴직하면 타게 해줘야지, 그거를 10년이고 용역직으로 있게 하는 거는 오히려 죄다, 내가 이런 생각을 하고, 과감하게 내보내기도 하고 했어요.

김용곤 : 무슨 말씀인지 알겠습니다.

구술자 : 그리고 내가 자질에 대해서, 사전에 보내 준 질문지에 있던데, 자질에 대해서.

박 환 : 예. 그거는 나중에.

김용곤 : 자연스럽게.

박 환 : 예. 말씀하세요.

구술자 : 내가 얘기를 하기 안 됐지만요, 내가 개인적인 얘기에요, 이거는. 뭐 기록할 거는 없는데, 내가 사실은요, 국사편찬위원회 직원들도 밤늦게까지 공부를, 낮에 본 업무에 좀 충실하고, 연구는 저녁에라도 좀 하는 게 안 좋겠나? 그래서 난방이고, 전깃불이고, 이거를 주게끔 사무직당국하고 노력을 했어요. 했는데, 사실 방과 후 남아서 공부하는 사람이 몇 사람 없어요. 그런데 나는, 내 이런 말 할 거는 아니지마는, 나도 내 가족하고 같이 자고 싶고, 나도 가족하고 같이 외식도 하고 싶고, 시간을 갖고 싶죠. 그러나 나도 이 역사학자다보니까 독립운동사 하는데, 내가 공부를 너무 안 하면은 안 되겠다, 이런 죄책감도 있고, 본인이 또 노력해서 공부도 하고 싶고, 이래서 내가 사실은 국편에서 잔 적이 많아요, 내가. 그 사실 겨울에 땅바닥에 내가 침대도 하나 국편당국에 사 달라 소리 안 했어요. 내 침대도 하나 사 달라는 소리 안 하고, 내가 땅바닥에 전기담요 가져가가지고 자가면서 내가 내 나름대로 공부를 한다고 했어요, 저녁에. 그리고 일요일 날 내가 하루 집에 쉰 적이 거의 없고요. 그래서 내가 사실은, 그리고 또 사실은 외

국에 독립운동 자료 수집을 갔을 때도 나도 많은 사람, 학자들하고 접촉도 하고, 자료도 보고 하니까 나도 공부가 됐어요, 개인적으로는. 나도 전공에 도움이 됐고, 이렇게 해서 조금 업적이 나온 거예요. 그리고 우리 애들은, 사실은 이거 할 얘기 아니지마는, 우리 윗대부터 조금 공부하는 이게, 학풍이 있었어요. 그래서 박홍갑편사부장이 책을 낸 게 있어요. 그 박하징이라고, 병제공이라고, 그게 우리 15대조에요. 그 사람하고 내가 12촌간인가 그래요. 6대에서 갈라졌을 거예요. 그래서 우리 마을이 원래부터 옛날 유학의 학풍이, 공부하는 그런 점이 있었어요. 그런데 마침 애들도 자기들이 열심히 하고 하니까 그나마 조금 저서들이 나온 거 같아요.

김용곤 : 위원장님께서 그냥 모범을, 일요일 날도 그냥 뭐 가서, 사무실에 나가서 밤새워서 공부하고 계시는데, 그 영향이 컸다고 저희는 생각합니다.

구술자 : 내가 사실은요, 김용곤 박사는 계속 학문을 한 길로 간 게 아주 내 존경스러운데,

김용곤 : 하여튼 뭐 자제분들을 그냥 다 한국사, 동양사, 서양사, 이렇게 키우시기가, 다 학위를 가지고 대학에 봉직하고 계시는데, 그렇게 키우시기가 상당히 어려우셨을 텐데.

박 환 : 예. 국편에, 국사편찬위원회에 한 11년 계셨잖아요?

구술자 : 10년 정도.

박 환 : 예. 11년. 그때 이렇게 되돌아보시면 뭐 좀 보람 있었던 일이나 아니면 좀 아쉬운 점이라든가, 이런 게 뭐가 있으시겠어요? 그래도 온 몸을 다 바치셔서, 정성을 다하셔서 11년 간 계셨는데.

구술자 : 하여간 국편이라는 게 우리나라가 역사혁명이 있어야 국가가 발전할 수 있어요. 그래서 국편이 자료의 총 본산이 돼가지고 역사 하는 사람들한테 많은 도움을 줄 수 있게끔 말이에요, 이렇게 계속 노력을 해야 되지 않겠나? 여기에 대해서 기반을 마련하려고 노력하는 가운데, 여러 가지 애로점이 많았어요. 내가 있는 동안에 국편에 계시는 분들이 많이 협조하고 노력해줘서 감사하게 생각해요. 내가 무사히 끝날 수 있게 돼서 그 고마움을 표하고 싶어요. 특히 신재홍 편사부장, 김후경 실장, 김기철 실장, 최근영 실장, 강영철실장, 유해동 국장 등께 깊은 감사를 드려요.

그리고 국편을 온 국민이 사랑할 수 있게끔 국편에 계시는 분 자체가 솔선수범해서 국편 발전을 위해서 더욱 노력해주면 안 좋겠나, 이 생각이 들고요. 하나 건의하고 싶은 거는, 내가 대통령이 국편 방문시 정부고위 인사들이 참석한 가운데서 직접 말씀을 올려 국편을 차관급(정무직)으로 급수를 올렸지마는, 이 정무직이 돼서 너무 위원장이 자주 바뀌어 지는데, 너무 자주 바뀌어 업무 수행하는데 어려운 점이 많으니까 국편 위원장의 임기를 뭔가 좀 지혜롭게 해서 빨리 안 바뀌어 지게끔 됐으면 좋겠다. 너무 뭐 지금, 내 나오고 난 뒤에 여섯 분이나 임기가 새로 왔으니, 자주 너무 바뀌어 힘이 든다. 그리고 내가 위원장 하는 동안에, 11년 동안에 장관이 열한 분, 국장이 아홉 분, 과장이 일곱 분인가? 뭐 이렇게 자주 바뀌어 지니까 국편의 업무 성격상 여러 가지 어려운 점이 많으니, 앞으로 국편 위원장이 너무 자주 안 바뀌었으면 한다. 이런 생각이 듭니다.

박 환 : 예. 지금까지 국사편찬위원회에서의 활동에 관해서 전반적으로 지금 말씀을 해주셨거든요. 그래서 혹시 제가 여러 질문 내용 가운데에서 여러 가지가 있었지만, 좀 국사편찬위원회하고 직접적으로 관련 안 되는 부분은 사실은 좀 질문을 생략을 했습니다. 그런데 혹시 지금 근무하시는 김용곤 선생님께서 좀 질문을 하실 내용이 있으시면 보완해서 말씀을 해주시죠. 아무래도 이게 위원회사에 들어갈 내용이기 때문에 사적인 내용보다는 아무래도 공식적인 활동이라든가, 이런 쪽으로 주로 이야기가 초점이 맞춰지는 게 좋을 것 같아서요.

김용곤 : 네.

구술자 : 그런데 내가 이거 하나 꼭 얘기하고 싶은 것은, 국편에 연구직에 있는 사람한테는 뭔가 연구비든지, 수당이 좀 특별히 가해졌으면 좋겠다, 그 생각이 들어요. 그 그분들한테 연구기관에 있으면서 연구비가 별도로 좀 가해지지 않으니까 다른 대학에 계시는 분은 연구비도 나오고 하니까 자꾸 바깥에 가려고 하는데, 국편에 안착하게 있게끔 만드는 뭔가 이루어졌으면 좋겠어요.

김용곤 : 편사수당, 지금 말씀하시는 게 편사연구수당 같은 거, 그런 것들이 이제 사실은 좀 몇 십만 원이라도 지급이 됐으면 하는 쪽에서 이제 위원장님도 말씀하셨고, 또 그 이후에도 계속 노력을 합니다마는, 이게 뭐 예산에 딱 묶여 있어가지고 이게 잘 안 되고, 또 지금까지 말씀하신 대로 기구도 늘리고, 또 사람도 늘리고 하는데 있어서 그게 잘 안 돼요. 실무자 쪽에서, 실무진 쪽에서 이야기해봐야 사실 들은 척도 안 해요, 그쪽에서는. 아까.

박 환 : 저기 국사편찬위원회에 근무하시면서 특별히 애로사항 같은 거, 그 고충이

나, 힘들었던 일이나, 좀 애로사항 같은 게 있었으면 어떤 게 있으셨어요?

구술자 : 애로 사항이야, 교육부하고 문제지. 그 내가 여기 하나 빠진 게요, 국사 교과서 집필 문제가 빠졌어요. 그게 검인정하고, 그 당시에 내려온 게 국정이거든. 국정인데, 역사학계에서는 검인정을 하자 이거고, 그래가지고 지금 이제 검인정으로 전환이 됐잖아요? 그런데 내가 그때 앞장 서가지고 검인정으로, 교육부는 그것도 2차를 하려고 생각을 했어요. 교육부는 우리를 시켜가지고 자기들이 해도 될 건데, 국사 교과서를 국편에 떠넘겨서 모든 책임을 국편이 지게 했는데, 그거는 국편에서 교과서 집필위원을 선정을 하든지, 또 이거는 교육부에서 선정하는 거랑 마찬가지에요. 그런데 이거를 구태여 국편에 떠넘기려 그러고, 우리는 안 하려고 그러고, 교육부에서는 하라 그러고, 거기에서 상당히 국편하고 교육부하고 의견차가 컸어요. 그게 많이 골치가 아팠어요. 지금 깊이 생각하면 교육부가 국편의 건의를 일찍 받아들여서 검인정으로 정착하였으면, 오늘날까지 혼란을 가져 오지 않았을 것이다.

김용곤 : 특히 그 부분이 그때 교과서 공청회 같은 거 있지 않았었습니까?

박 환 : 교과서 공청회 같은 거 있었어요?

구술자 : 어?

박 환 : (큰 목소리로) 교과서 공청회. 예전에 교과서 이거 때문에 이기백 선생님도 국편 위원 그만두시고 그러신 거 아니에요?

구술자 : 맞아, 맞아.

김용곤 : 그거하고도 연관이 좀 있죠.

구술자 : 검인정, 맞아.

김용곤 : 그래서 고 부분에 대해서도 좀 이야기를 조금 더.

박 환 : 교과서 검인정 관계에 대해서 아시는 이야기 있으면.

구술자 : 내가 검인정 하자고 계속 주장을 했지. 그래서 교육부하고 알력이 생긴 거야. 교육부 산하의 국편의 검인정 주장으로 나만 입장이 곤란하였지.

박 환 : 저기 지금까지 장시간.

구술자 : 어?

박 환 : 쭉 말씀을 해주셔서 힘들어 보이시고 그래서요, 지금 국사편찬위원회에서 국사편찬위원회사라는 책을 만드나 봐요.

구술자 : 어. 전에 만든 것도 있는데.

박 환 : 예. 예전에 만든 게 있지 않습니까? 그런데 혹시 위원회사를 편찬하는데 좀 도움이 될 만한, 그런 어떤 자료라든가, 뭐 이런 정보라든가, 뭐 이런 거 혹시 아버님 갖고 계신 거나, 이야기하시고 싶은 부분이 있으시면.

구술자 : 내가 이야기 하는 거 이외에 크게 내가 도움 줄 게 없어.

박 환 : 네, 네.

구술자 : 그리고 또 여기 하나 빠진 게요, 대마도종가문서…, 대마도종가문서가 아주 정리가 안 돼 있고, 혼란했어요. 그래서 내가 대마도종가문서 자료목록을 작성하게 하고요. 이거 꼭 넣어줘야 되요.

김용곤 : 예.

구술자 : 목록을 작성하게 하고, 대마도종가문서를 간행을 하려고 노력을 해서 그 일본의 다쓰미(田代),이즈미(泉) 교수 등을 초대하고 해서 대마도종가문서가 내가, 처음 들어보면 얘기할 건 아니지마는, 실내에 흩어져서 있고, 뭐 아주 혼란했어요. 대마도종가문서를 정리하게끔 내가 했어요. 그래서 그 계속 하고 있었어요. 그래가지고 끝내지 않고, 이원순위원장에게 넘어갔죠, 다음 위원장. 대마도종가문서, 그 다음에, 그리고 처음 와보니까요, 도서관에 도서목록이 총 정리가 안 돼 있어요. 그래서 대출해 간 거를 다 회수하게 했어요. 그때 이현종 전 위원장이 대출한 게 제일 많았어요. 그 돌아가신 분의 책을 회수하는데 내가 마음이 좀 아팠어요. 개인적으로. 그래가지고 내 있는 동안에 우리 국편에 있는 자료, 도서, 자료 총목록을 만들었습니다. 그 왜냐면, 국편의 재산인데, 총목록이 있어야 될 거 아니겠어요? 그리고 도서 총목록도 모두 작성하게 하고, 대마도종가문서고, 내가 국편의 모든 거를 총, 재산 총목록을 만들게 끔 노력을 했어요. 그런 면에서 내가 국편의 모든 흩어져 있는 거를 하나하나 정리하게끔 노력을 했습니다.

김용곤 : 예. 조금 전에 박환 선생님께서도 이야기를 했습니다마는, 1990년에 위원회사를 내지 않았었습니까?

구술자 : 네.

김용곤 : 그때 이야기 좀 해주시죠? 저희가 이제 뒤늦게 또 한 번 위원회사 지금 간행을 좀.

구술자 : 그 위원회사를 내 있을 때 만들었는데, 그때 보니까 뭐 내가 이름은 안 거론하는데, 협조 안 하는 사람도 있었고 최근영실장이 중심이 돼 가지고 만들었는데 당시 최근영실장이 수고가 많았어요.

김용곤 : 예. 그때 그 좀 어려움 같은 거, 어려움, 예를 들면 그때 어려운 예를 들면 지금 협조 안 하셨다는 말씀도 하시고 그러시는데, 왜냐면 그때는 생존해 계시는 분도 많고, 그래서 지금.

구술자 : 그때 만들었으면 좀 나은 걸 만들 텐데.

김용곤 : 예.

구술자 : 지금도 어려워요. 나도 내가 올 여름에 중병에 걸리기 전만 해도 내가 기억력이 아주 좋았어요. 그런데 그….

김용곤 : 마무리를 하시죠.

박 환 : 예. 그러면, 잠깐만요. 예. 지금까지 전 국사편찬위원회 위원장이셨던 박영석 선생님을 모시고 국사편찬위원회 재직 시절에 이모저모에 관해서 전반적인 말씀을 들었습니다. 바쁘시고, 또 연로하신데, 여러 가지 감사합니다.

김용곤 : 감사합니다.

박 환 : 예. 애쓰셨습니다.

구술자 : 나는 말이야, 내가 할 수 있는 데까지는 다 국편을 위해서 노력을 했어요. 노력해서 거기에 잘못된 거는 내 능력이 부족했다든가, 내가 좀 원만하게 교육부하고도 관계를 가져야 될 건데, 내가 옳지 않은 거는 고치려고 하는 기질이 있기 때문에 내가 약간 충돌도 되고 한 건데,

내가 사실은 인맥이 없었으면 언제 그만두게 돼도 그만두게 됐어요. 늦게 그만둔 거는, 거의 다 알고 있지만, 내가 얘기를 할 필요가 없을 것 같아.

박 환 : 예. 애쓰셨어요. 힘드신데.

구술자 : 끝으로 하고 싶은 말은 금년도(2011년) 5월 중병으로 고생하였기 때문에 건강도 이전만 못하고 기억력도 그러합니다. 대담에 빠진 부분은 서면으로 열거하고자 합니다. 참고해 주시기 바랍니다.

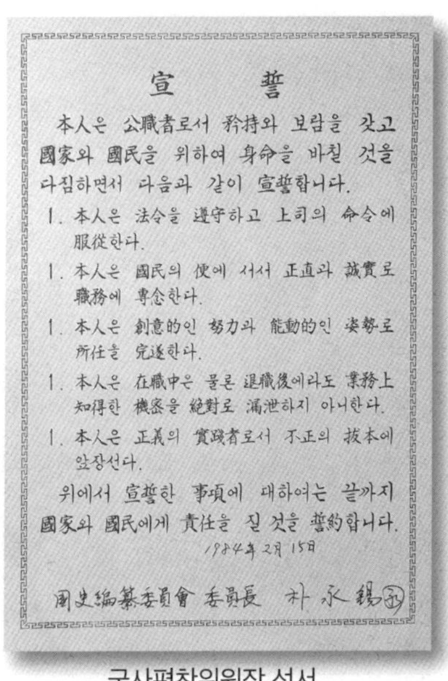

宣 誓

本人은 公職者로서 矜持와 보람을 갖고 國家와 國民을 위하여 身命을 바칠 것을 다짐하면서 다음과 같이 宣誓합니다.

1. 本人은 法令을 遵守하고 上司의 命令에 服從한다.
1. 本人은 國民의 便에 서서 正直과 誠實로 職務에 專念한다.
1. 本人은 創意的인 努力과 能動的인 姿勢로 所任을 完遂한다.
1. 本人은 在職中은 물론 退職後에라도 業務上 知得한 機密을 絶對로 漏泄하지 아니한다.
1. 本人은 正義의 實踐者로서 不正의 拔本에 앞장선다.

위에서 宣誓한 事項에 대하여는 끝까지 國家와 國民에게 責任을 질 것을 誓約합니다.

1984年 2月 15日

國史編纂委員會 委員長 朴永錫 (印)

국사편찬위원장 선서

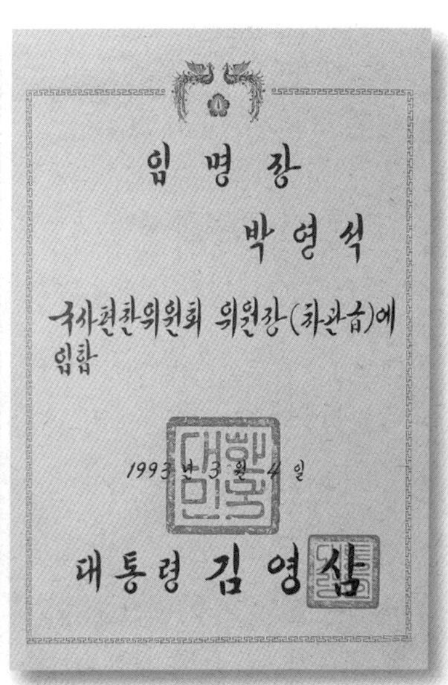

임명장

박영석

국사편찬위원회 위원장(차관급)에 임함

1993년 3월 4일

대통령 김영삼

국사편찬위원장 임명장

2

회고 중 못다 한 이야기

○ 프랑스 낭트에서 대한민국임시정부 관련 자료 수집

중국 상해 대한민국임시정부의 문서를 프랑스 외무부의 낭트분관으로부터 수집하였다. 중국의 국민당 정부가 1949년 중국공산당의 공격으로 패망하여 대만으로 망명할 때에, 프랑스의 중국대사관이 중국으로부터 철수할 때, 프랑스 조계지에 망명해 있었던 대한민국임시정부의 모든 임정의 문서를, 임정이 프랑스조계지에 두고 간 그 문서가 바로 프랑스 외무부 낭트분관에 보관되어 있었다. 국편에서는 이러한 사실을 알고 당시 위원장인 본인이 프랑스 낭트로 직접 가서 책임자를 만나 그 문서를 복사하여 이관받기로 협의하고 국편이 이를 이관 받았다.

지난날 국사편찬위원회에서도 상해임시정부 문서를 간행한 적이 있었다. 임시정부의 국무령을 지낸 홍진이 해방후 귀국할 때 직접 가지고 온 것이었다. 소중한 임시정부 문서였다. 낭트분관에 소장하고 있는 사료에는 홍진이 가져 온 사료외에 다른 귀중한 사료들도 있는 것으로 보인다. 몇가지

예를 들면, 우선 조봉암의 일제시대 재판기록이 있었다. 조봉암은 식민지시대 공산주의 활동을 한 인물이며, 해방이후에는 대한민국 정부의 초대 농림부 장관을 역임하였고, 토지개혁을 주도한 사람이다. 두 번째로 주목되는 것은 박용만의 암살과정이 상세히 적혀있는 기록이다. 박용만은 주지하는 바와 같이 이승만과 대결한 대표적인 미주지역의 독립운동가이며, 독립군 양성 등 무장투쟁을 강조한 인물이다.

최근 국편에서 대한민국임시정부 자료집이 다년간에 걸쳐 다량 간행된 것으로 알고 있다. 이들 낭트자료들도 포함되어 있는지 궁금하다. 발견 당시 낭트 분관 소장 자료들은 국내 언론의 큰 주목을 받은 바 있다.

○ 소위 재야사학자와의 관계

내가 1984년 국편에 가기 이전부터 소위 재야사학자들은 일반 역사학자 또는 대학 교수, 국편 등을 겨냥하여 역사를 왜곡하는 사람으로 지칭하고 공격하고 나섰다. 자칭 재야사학자는 자기만이 올바른 역사학자이고, 그들은 나라를 사랑하는 애국자이며, 그 이외의 역사학자, 교수들은 모두 역사를 왜곡하는 사람으로 적대시 하고 있었다. 이러한 분위기 때문에 역사학계는 크게 혼란스러웠다.

재야사학자들은 전화로 국편에 있는 나에게 공격하는가 하면, 청와대에 국편위원장을 교체하라고 진정하였다. 한번은 우연히 다방에서 재야사학자를 만났는데, 소리를 치며 나를 모욕하는 바람에 큰 곤욕을 치르기도 하였다. 재야사학자들은 나를 역사왜곡의 책임자로 규정하고 규탄하기도 하였다.

재야사학자들 중에는 전 문교부장관 윤택중, 5.16당시 혁명검찰부 부장이었던 박창암 장군 등이 포함되어 있었다. 이들은 전 윤보선 대통령 댁에 모여서 한국사 왜곡을 걱정하고 특정 역사학자들을 공격하였다. 이에 나는 윤보선 대통령 댁(안국동)을 방문하여 학자들이 역사를 왜곡하고 있지 않다고 말씀드렸으나 듣지 아니하였다. 이에 나는 국사편찬위원회에 재야사학자들은 초청하겠다고 제의하였다. 직접 국편에 와서 국편이 하는 일을 보고, 국편에서 여러 학자들과 대화를 나누도록 하였던 것이다. 윤보선 대통령 등 일행은 국편을 방문하여 그동안의 업적과 간행도서들을 일일이 확인하였다. 그러던 중 국편에서 간행한 도서 중『윤치호일기』를 보고 자신의 3촌이 이러한 방대한 업적을 남긴 것에 감탄하였다. 아울러 역사학자들과 깊이 있는 환담을 나눈 후 국편이 하는 일과 역사학자들의 견해에 대하여 약간 인정하는 모습을 보여 주었다. 최규하 대통령은 역사에 조예가 깊었다. 한국사에 대한 여러 의견에 대하여 이해해 주었다. 그후부터 재야학자들로부터 공격도 누그러지고, 어느 정도 대화도 이루어졌다. 의견 대립도 점점 해소되었다. 그 후에도 꾸준히 노력하였다.

동력실

국편의 건물 중 가장 자랑할 것 중 하나는 동력실이다. 보통 동력실은 건물의 지하에 설치하는 것이 일반적이다. 그런데 국편에서는 동력실을 지하에 두지 않고 건물 옆에 별도로 300평 규모로 마련하였다. 그 이유는 동력실의 소음과 동력실로 인한 화재, 건물의 흔들림 등을 사전에 차단하기 위해서였다. 이것이 국편 건물의 특징이자 자랑이다. 처음 국편은 지하 1층으로 설계되어 있었으나 이를 지하 2층으로 하여 지하 평수를 늘렸다.

국사편찬위원회의 연못과 팔각정

국편건물이 거의 완공단계 이르렀을 때, 건물만 있는 것 같아 좀 허전한 느낌이 들었다. 이때 김흥수 연구관(뒤에 춘천교육대학 교수로 영전되어 갔음)이 앞마당에 연못을 만드는 것이 어떠한 가를 제의하였다. 그리고 연못의 모양은 우리나라가 영토가 가장 큰 시절인 광개토대왕 당시의 영토로 하자고 하였다. 이에 탁견이라고 생각하고 당시 공사를 담당했던 현대건설 관계자에게 부탁하였다.

연못을 만들고 보니 제주도가 빠지고 말았다. 더구나 국편의 총무과장 조은병이 제주도 출신이었다. 그 후에 제주도에 출장을 갈 일이 있어 제주도 도지사를 만난 김에 이일을 이야기 하고 제주도를 상징하는 하루방을 보내 줄 것을 요청하였다. 제주도지사의 도움 덕분에 국편 연못에 제주도의 상징인 하루방이 놓이게 되었다.

국편의 금붕어는 문화부의 협조를 얻어 경회루에 있는 금붕어 수십마리를 얻었다. 아울러 연못에 하나의 정자가 있었으면 좋겠다는 의견들이 있었다. 현대건설의 이명박 사장의 협조로 팔각정을 지었다. 이름은 노 한학자이신 김철희 선생님께 부탁드렸고 성정각(誠正閣)이라고 제명하시었다. 붓글씨는 송구하게도 내가 썼다. 국사편찬위원회의 건물 기초석에 쓰여 있는 〈1987년 준공〉, 〈국사편찬위원회〉라는 현판, 〈국사관논총〉 등도 붓글씨로

본인이 쓰는 영광을 갖게 되었다. 송구스러운 마음이다.

국편의 조경에도 힘을 기울였다. 청도 운문사의 명성스님이 운문사의 좋은 나무들 수십주를 기증하여 주었다. 또한 국편의 유해돈 사무국장이 전에 근무했던 전북대학교에서 수십주를 기증받는데 큰 기여를 하였다.

국사편찬위원회 생활을 되돌아보며, 이현종 위원장, 이종찬의원

국사편찬위원회에 부임한해가 1984년이다. 내 나이 54세 시절이다. 벌써 27년의 세월이 흘러 내 나이 80이 되었다. 퇴직한 후 국편에서의 경험을 바탕으로 시간을 갖고 연구에 정진하고자 하였다. 그래서 그 후 교수로 복직한 다음 연구에 정진하는 한편 중국 본토, 만주, 러시아 연해주 등지를 답사하였다. 나의 과욕은 결국 병을 불러왔다. 중풍(뇌졸중)으로 고생하게 되었고, 최근에는 급성폐렴으로 생사의 갈림길에 놓이기도 하였다. 이제 돌이켜보니 이것이 나의 운명이 아닌가 생각되기도 하였다.

병중에서 국편에서 지난온 날들을 생각하게 되었고, 그 일단을 여기에 적어보고자 한다.

국편에 취임한 직후, 나에게 주어진 1차적인 과제는 국편 건물의 신축문제였다. 이것은 전임 위원장이었던 이현종위원장이 민정당의 원내 총무였던 이종찬 국회의원과의 만남에서 이루어진 것이다. 당시 조국이 광복된 지 40년이 가까웠는데 국사편찬위원회는 단독 건물 하나 없이 수차례 이사를 다니는 상황이었다. 또한 당시 국편 건물인 남산 청사는 노후한 건물이어서 비가 새는 등 형편없는 건물이었다. 이현종위원장과 이종찬 의원의 만남이 국사편찬위원회의 과천 시대를 여는 역사적인 계기였다고 판단된다. 고인이 된 이현종위원장이 하늘나라에서 국편을 내려다 본다면 얼마나 좋아하실까 생각해 본다. 거듭 두 분께 감사드린다. 특히 이종찬의원은 국편이 신축된 이후에도 국편의 발전을 위하여 많은 도움을 주었다. 이종찬의원의 선대는 백사 이항복과 우당 이회영이다. 백사 이항복은 임진왜란시 압록강까지 선조를 모신 분이다, 이때 그는 선조가 중국땅으로 도강(渡江)하는 것을 극력 반대한 구국정승이다. 우당 이회영은 6형제가 만주로 망명하여 신흥무관학교를 설립한 우리나라의 대표적인 독립운동가이다. 그런 집안 출신이어서 그런지 이종찬 의원은 많은 도움을 주었다. 와병 중에 국편을 위하여 도움을 준 많은 분들을 생각할 때 가장 고마운 분이라 생각된다.

이종찬의원은 자신의 존재를 남에게 말하지 않고, 과시하지 않는 조용한 성품의 소유자이다. 아울러 그는 남의 허물을 좀처럼 말하지 않았다. 또한 남의 이름을 거명하며 말하지 않았으며, 욕심이 적고 남의 말을 경청하고 말을 적게 하는 편이었다. 그가 국편을 도운 것은 박영석 개인을 위해서가 아니라 이 나라 이 민족의 역사를 소중하게 생각하였기 때문이었다. 참으로 국편 발전에 있어서 고마운 분이다.

그 외에도 국편의 발전을 위하여 도와준 수많은 분들이 계셨다. 일일이 인사들 드리지 못한 점 송구스럽게 생각하며, 그 고마움을 잊지 못한다.

끝으로 언급하고 싶은 것은 국사편찬위원회 재직 중, 정부로부터 국민훈장 모란장을 수여받은 일이다. 교육부에서 국편 근무 중, 한국사 연구 활성화에 기여한 점, 사료의 본산화에 기여한 점 등을 평가해 훈장을 상신하였기 때문이었다.

제 3 부

역사가의 연(緣), 문중과 가계

1

본가, 청도 밀양박씨 유생 집안*

청도 이서면 수야동에서 출생

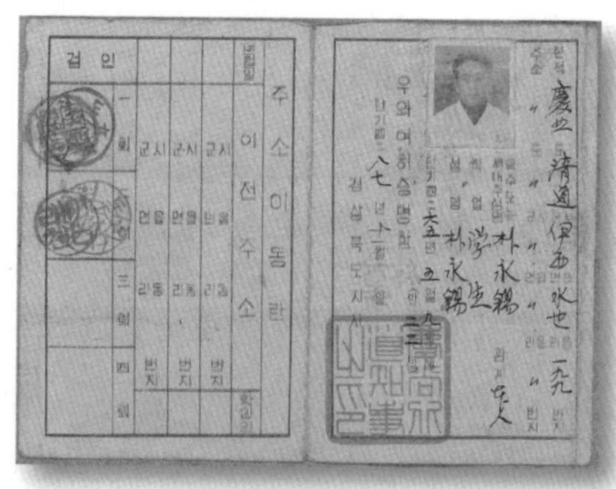

도민증(1954)

내 고향 청도는 경상북도의 최남단에 위치한 작은 군으로서, 그 지세가 동서로 길고 남북이 짧아 옛부터 동헌(東軒) 앞 오산(흔히 남산이라고 부른다)을 중심으로 산동, 산서로 나누어 불렀다. 서북쪽에는 멀리 비슬산이 넘어다 보이고, 서남쪽으로는 화악산, 북쪽으로는 용각산, 동남쪽으로는 가지산, 동북쪽으로는 사룡산 등이 우뚝 우뚝하여 그야말로 아름다운 고장이다. 토지가 비옥하여 물산이 풍부한 까닭에 “청도감”, “청도쌀”, “풍각고추”하면 타관에서도 유명하

* 박영석이 생존시 자신이 고향에 대하여 작성한 글이다.

며, 게다가 인심까지 후하여 '길에 물건이 떨어져 있어도 줍지 않는다'는 말이 옛부터 전해오고 있다. 지금의 청도8경이 말해주듯이, 명산대천이 많고 보니 심신을 단련하고 호연지기를 기르는 곳으로는 으뜸인지라 삼국통일의 대업을 이룬 신라 화랑들이 그들의 교육지침인 세속 오계를 원광법사로부터 받은 곳도 바로 청도 운문사에서였다.

내가 태어난 곳은 이서면 수야동이다. 수야는 나의 윗대 할아버지가 심었다고 하는 500년된 은행나무를 중심으로 옹기종기 모여사는 순박한 박가네 마을이지만, 이서면은 참으로 유서 깊은 곳이다. 면의 지세를 보면, 산서에 속하여 북으로는 태백산의 줄기인 삼성산이 병풍처럼 둘러서 있고, 남으로는 청도의 젖줄인 한내가 서에서 동으로 유유히 구비처 멀리 낙동강으로 흘러든다. 이곳은 삼국시대부터 국가활동이 활발하여 진한 12국 가운데 하나인 이서국이 있었다. 이서고국은 한때 사로국(신라)를 습격하여 이미 죽은 신라의 미추왕이 죽엽군을 보내어 나라를 겨우 구할 수 있었다고 하는 설화가 전할 정도로 강력한 나라였다. 지금 이지역의 출토품이나 지석묘, 그리고 한내 너머 우람하게 솟아있는 오산의 은왕봉과 망마위의 명칭 등은 아마 옛 이서국의 비밀을 간직하고 있을지도 모른다.

이서고국

이서국의 내력(박영석 작성, 이서면사무소 앞마당)

가문에 대한 기억

내가 고향 청도와 우리 가문에 유별스러울 만큼 애정을 가지고 더 없이 소중하게 여기는데는 사연이 있다. 그것은 고향의 여러 분위기들이 내 일생의 진로 결정에 너무나 크게 영향을 미쳤기 때문이다.

내가 어렸을 때 우리 가문은 큰댁의 조부님과 종숙, 그리고 선친께서 남이 부러워할 만큼 학문과 범절이 뛰어나 원근에서 존경을 받았다. 그 가운데서 특히 어린 나에게 크게 영행을 준분은 나의 선친(박장현)이었다. 그 때문에 군사부일체란 말로 비유한다면 선친은 나에게 평생토록 스승이요 부모인 것이다.

나의 선친께서는 고향의 보성학원에서 신학문을 접하시다가 당대의 큰 유학자인 심재 조긍섭선생의 문하가 된 후로는 8년동안 전통유학을 공부하였다. 그뒤 상경하여 경기도 시흥 녹동서원에서 잠시 연마 하신후 민족의식이 강한 유명한 유학자들을 찾아 학담을 나누기도 하였다. 그리고 현세에 대한 안목을 더욱 넓히기 위하여 일본 학계를 탐방하고 많은 사료를 수집하였다. 향리로 돌아와서는 일본의 눈을 피해가면서 한국사집필에 몰두하시고 틈을 내어 사랑채에 문화학당을 개설, 후진들에게 민족의식을 고취시켰다.

내가 출생후 4,5세가 되어 겨우 사물을 분별할 쯤해서야 선친이 돌아오셔서 온 가족이 모여 모처럼 함께 모일 수 있었다. 그때 어린 눈에 비친 나의 가정은, 선친은 사랑채에서 밤낮으로 집필하시고 어머님은 곁에서 종이를 준비하고 풀을 끓여 원고를 제본하고 계셨다. 그 당시 선친께서 어린 제자들을 문화학당에 모아 놓고 공부시키는 광경이며, 사랑채 마루에 걸려 있던 〈문화당〉, 〈조공종맹실〉이란 현판, 온 방벽에 붙여져 있는 글씨들, 수북이 쌓여 있는 책들이 지금도 눈에 선하다. 선친은 학업에 몰두한 나머지 자녀들을 안아준다던가, 웃는 경우가 없었고, 사랑방에는 매일같이 우편배달과 학자들의 왕래뿐이었다. 그래서 나는 정작 천자문 한권도 나의 숙부에게서 배웠지 한집에 있으면서도 선친으로부터 배우지는 못했다. 그러나 선친과의 이러한 생활도 불과 4-5년간 지속되었을 뿐, 내 나이 9세 때인 1940년 봄에 선친께서 홀연히 작고하심으로 해서 박복한 나에겐 한순간의 꿈결로만 기억될 뿐이다.

선친께서 작고한 후 우리 집은 좌절과 비탄 속에 나날을 보냈다. 가장을 잃은 어머님과 어린 3남매의 고독과 비애, 일제의 가혹한 식민통치로 인한 처절한 생활상, 여자정신대의 소집 통지서를 받고 서둘러 16세의 어린 나이로 조혼을 하게 된 누님, 선친을 여읜 후의 따돌림..., 이런 것들이 어린 나에게 감당하기 어려운 슬픔이었다. 그러나 어머니께서는 끝내 이 모든 난관을 극복하시고 일생을 학문연구에 몰두하다 세상을 뜨신 선친의 유언을 받들어, 선친의 얼이 담긴 저작과 서간문을 하나도 버리지 않고 철저히 정리, 보관하여 나에게 물려 주셨다. 선친께서 나에게 물려주신 큰 유산은 바로 그 많은 유고와 학문에 몰두하시는 모습 그것뿐이었다. 이러한 점이 나를 학문의 길에 들어서게 하였다.

내가 역사학을 연구한데에는 또 다른 연유가 있다. 우리 동네 뒷산에는 조선조 무오년(1498)에 춘추필법의 정신으로 직필(直筆)을 서슴치 않다가 화를 입어 희생된 춘추관 기사관 탁영 김일손선생의 묘소와 묘비가 있다. 나는 어릴 때 어른들로부터 탁영선생의 훌륭한 행적과 탁영선생 때문에 청도가 중앙에 알려졌다는 사실, 탁영선생이 처형된 후 3일간 한내가 붉은 핏물로 변해 역류했다는 이야기 등을 감명 깊게 들었고, 동네 뒷산의 묘소 근처에서 놀면서 그 숭고한 춘추필법의 역사편찬 정신을 거듭 되새기게 되었다.

나는 어릴 때 이서초등학교를 다녔다. 그 때 어린 나의 눈에 비친 광경들, 일본의 악랄한 수탈과 인권유린 행위, 일제에 빌붙은 민족반역자들의 악행, 일제의 기혹한 수탈을 못 이겨 초가삼간을 팔고 조국산천을 등지는 처참한 행열들, 그리고 해방이 되자 그들의 일부가 귀향하는 모습들이 지금도 내 머릿속에 주마 등 처럼 스쳐간다. 이러한 것을 보고, 비록 어린 나였지만 울분과 비통함을 느끼고 독립운동사 연구에 매진하게 되었다.

우연이라 할 수 있을지는 모르나 현재 나의 소생 4명과 며느리 2명도 역사를 전공하고 있다. 그래서 나에게 조그마한 소망이 있다면, 선친의 역사정신을 길이 계승하여 사학자로서의 외길을 걷는 가문이 되었으면 하는 것이다.

이서공립국민학교시절 소풍(4학년, 1944)

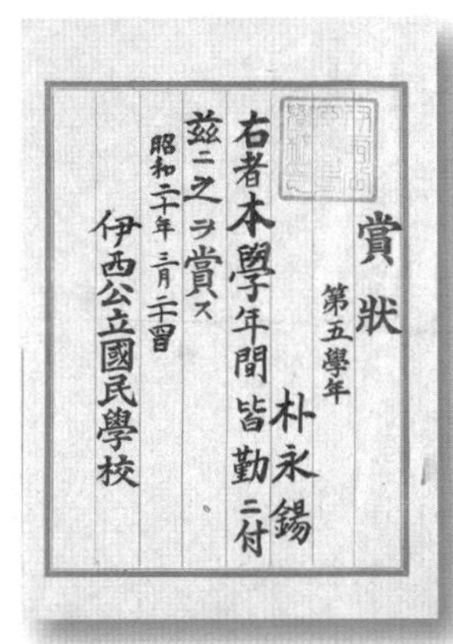

賞狀

第五學年 朴永錫

右者本學年間皆勤ニ付

茲ニ之ヲ賞ス

昭和二十年三月二十四日

伊西公立國民學校

상장

(1945년 3월 24일 이서공립국민학교)

영남고등학교

한국전쟁기 군복무시절

고려대학교 재학시절

수도여자사범대학부속고등학교 교사시절

건국대학교 사학과 교수시절

2

외가, 청도 재령이씨 유생 집안*

○ 청도 재령이씨 문중

『삼국유사』에 이르기를 시조 알평은 처음 진한의 표엄하(瓢巖下)에 내려와서 급양부의 대인으로 된 후 신라시조를 도와 개국재명공신에 올랐으며 또한 신라시조의 자부가 되었다 한다. 그 뒤 고려 시중공이 재령으로 관적하였고 역시 고려조에 사정공 술은 나라일이 혼란하게 되자 부득이 남하하여 응천에 정착하였으며 그 계손이 고부군수로 있다가 지금의 금호 (청도군 이서면 금촌동)로 입거하게 되었다. 그 후 백신은 훈련원첨정공으로 임진왜란 때 금성에서 왜적과 전투하여 큰 공을 세웠고 지암공은 한강 정탁에게 수학하여 학덕이 높았으며 종명은 한성좌윤공으로서 맡은 일을 잘 수행하였다. 이렇듯 나의 외가는 훌륭한 현조를 많이 모신 가계였다.

재령이씨 선대 중에서 내가 어머님으로부터 들었거나 직접 사서를 뒤져

* 1991년 1월 5일 박영석이 쓴 외조부 이재호의 추념사.

서 아는 역사적 인물도 많다. 그 중에서 특히 이운룡장군(1562~1610)은 임진왜란 때 옥포만호였는데 우수사 원균이 패전하여 군선을 버리고 도망하려는 것을 항의한 후 호남수사 이순신의 원병을 얻어 옥포 등지에서 왜적을 크게 무찔렀으며 그 후 이순신의 천거로 좌수사가 되었고 정유재란 때는 원균이 또 패전하여 전사하게 되자 육전에서 큰 공을 세워 선무공신으로 책록되고 식성군에 봉해졌으며 그 후 여러 요직을 거치다가 사후에 병조판서로 추증되었다. 갈암공 이현일(1627~1704)은 9세 때 글을 지어 사람을 놀라게 한 일이 있더니 조정에 출사하여 대사헌으로 있을 때 과학제도에 일대 개혁을 가하였고 나중에 이조판서에 이르렀다.

나의 친조부님(재범)께서 말씀하시기를 재령이씨는 청도의 금촌이 집성촌인데 박씨에 비하면 고족(孤族)이지만 재령이씨 문중에는 천한 일을 하는 사람이 거의 없고 모두가 품행이 방정하고 똑똑하여 주위 사람들이 부러워했다고 하시면서 우리 외가를 항상 자랑하셨다.

외조부님께서는 소년시절에 재종숙 이공 현수에게 수학하여 남다른 재기로 학문을 이루었음이 재령이씨 족보를 보면 알 수 있다. 외조부님께서 선대에 바친 비문 등 다수의 금석문으로는 17대조인 사정공, 9대조인 증통정대부공, 5대조이신 경당공, 3대조이신 성하당공, 2대조이신 승주 할아버지에 관한 것이 있다.

어머님께서는 나의 외가가 6대째나 내려오면서도 한 물꼬에 논을 그대로 보존 계승하여 재물의 손실이 없었고 조상대대로 전답을 팔지 않고 이어왔다고 항상 자랑하셨다. 이러한 사실은 말처럼 그리 쉽지가 않는 법이다. 남들은 당대에도 재산의 손실과 인물의 흥망이 있는데 참으로 훌륭한 집안이고 보기 드문 가정이라고 생각되었다.

외조부님께서는 틈만 나시면 학문을 닦았지만 장남인데다가 부친이신 석천공(두화)과 동생인 동소공(임호)이 오랜 환후로 십여 년간이나 투병하고 계셨기 때문에 매일 같은 병구완뿐만 아니라 약을 구하러 청도에서 대구 약시장까지 산을 넘어 백 리 길을, 그것도 무거운 엽전꾸러미를 지고 지척같이 다니시는 등 그 누구에게도 말을 다 할 수 없는 고생을 하셨으며 부모동기의 병구완에 지친 나머지 모든 집안 살림을 동생에 위임하기도 하셨다고 한다. 이토록 지극하신 효심이 끝내 하늘을 감응케 하여 파탄지경의 가문을 재생시켰다는 사실은 하늘만이 아는 비밀이라고 어머님께서 힘주어 말씀하셨다.

외조부님의 자당이신 죽산박씨(1853~1942)는 90세까지 장수하셨는데 연로하신 노모님을 더욱 잘 모시기 위하여 노모님의 거처를 외조부의 사랑방 옆방으로 옮기셨다. 나의 어머님 말씀에 따르면 외조부님께서는 부부간인 외조모님과는 거의 대화를 하지 않으시고 주로 모자간에 대화를 많이 나누시는 어머니 제일주의자였다는 것이다. 맛있는 음식이나 과일이며 철마다 좋다는 물건은 모두 구입하여 노모님에게 바쳐 기쁘게 해드리고, 출타했다 돌아오신 뒤에는 반드시 경과를 말씀드리는가 하면, 조석으로 문안드려 노모님을 궁금하게 하는 일이 없었으니 형의 솔선수범에 아우들이 모두 따라하지 않을 수 없었다. 일례를 들면, 여름철에 수박이나 참외를 사면 속의 붉은 것은 할머니만 드시고 푸른 껍질만 자손들이 나누어 먹었다. 그래서 나의 어머님께서는 우리 가문에 시집오셔서 젊은 사람들이 붉은 수박속을 먹는 것을 처음 알게 되었다고 하셨다. 이것만 보아도 외조부님의 형제나 자손들의 어른 섬기는 가풍이 어떠하였는가를 가히 짐작할 수 있게 한다.

흥선동 외가댁

금촌동에서 북상하면 바로 흥선동이었는데 그 동네 맨 앞줄에 외가댁이 있었다. 가운데가 장남이신 외조부님 댁이고 오른쪽에 둘째이신 동소공댁(同韶公宅), 그 왼쪽이 막내 어른 댁이었다. 외조부님댁은 원래 4형제이신데 장남은 외조부이신 재호(1874~1954)이시고 차남은 임호(1882~1964)이시고 3남은 규호(1885~1918)이시고 4남은 봉호(1891~1973)이시다. 셋째 외종조부(규호)께서는 34세로 일찍이 세상을 떴기 때문에 가옥이 없었던 것으로 안다. 그래서 둘째 어른(임호)의 차남인 이병태(병조)가 그 어른 양아들이 되었다. 3형제의 집이 나란히 있었는데 집 앞에는 각각의 채소밭이 있어 울타리가 있었고 채소가 잘 가꾸어져 있었던 것이 눈에 선하다.

6대째나 내려온 재산을 형제간에 고루 분배하였지만 3형제가 한때 공동으로 관리하여 형제간 우애가 대단하였다. 둘째어른이 주로 살림과 농사를 감독하였고 막내어른은 심부름과 행동으로 일을 도왔다고 한다. 외조부이신 형은 어려운 가운데서도 인격과 학문이 구비된 덕망 있는 군자였고 살림을 직접 하지 않으시고 동생에게 맡겼으나 동생들이 또한 욕심을 버리고 모든 일을 공정하게 희생적으로 처리하면서 무엇이든지 삼형제가 하나하나 서로 논의하여서 하니 동네의 부러움을 샀다.

둘째어른(임호)도 학문에 조예가 깊었고 실천성과 과단성이 있었으며 언변에 있어서도 남 앞에 나서면 논리정연해서 남들이 감히 그 말을 거역할 수 없었다. 또한 작은 체구였지만 음성은 말고 쇳소리가 날정도로 컸으며 매사에 확고부동한 자세로 일관했을 뿐만 아니라 모든 일을 공정하게 처리하는 강인한 인물이었다.

막내어른(봉호)은 어릴 때부터 학문에 별 뜻이 없어서 부모님이나 형님이 공부를 시키려고 무척 노력했으나 실패했다고 한다. 그러나 근본적으로 사람됨이 훌륭하여 집안일에는 스스로 창의력을 갖고 처리했으며 부모님께 효도하고 형제간에 우애가 돈독하였고 또 두 형님이 시키는 일 뿐만 아니라 특히 형수의 일을 잘 돌보아주셔서 우리 외조모님은 남편보다도 시동생과 의논해서 집안일을 처리하시는 경우가 많았다고 한다. 그래서 외조모님은 막내 시동생의 하는 일에 언제나 칭찬뿐이었고 나의 어머님도 막내 삼촌이 우리 집의 어려운 일을 잘 돌보아주셔서 고마웠다고 자주 회고하신다.

이 막내 외조부님은 남의 일에 대해서도 봉사정신이 뛰어났다. 일생을 남을 위해서 살았다고 해도 과언이 아닐 만큼 고루고루 베풀어 주셔서 주위 사람들이 이 어른의 신세를 지지 않은 이가 없었다고 할 정도였고 나의 혼인도 이 막내 외조부님의 주선에 의해서 이루어졌다. 비록 학문을 닦지 못했으나 큰 형님의 행신을 본받아 효제충신에 조금도 뒤지는 바가 없었으니 오히려 학식을 지닌 사람보다도 인품이 더 훌륭하다는 칭찬을 들었다.

외조부에 대한 기억

나의 외조부님께서는 평소 쉽게 웃으시거나 화를 내시는 법이 없었으며 행동을 가벼이 하시는 것을 보지 못했다. 이러한 모습과 거동을 볼 때 어린 마음에 흡사 농촌의 황소를 보는 것처럼 느껴지기도 했다. 어머님을 따라 외가에 가면 언제나 시종 일하시거나 책을 보시는 모습, 아니면 들에 농사를 보러 나가시는 일, 타처로 출입하시는 것밖에 기억나지 않는다. 외할머님도 외조부님과 같이 잘 웃지도 않으셔서 여자로서는 근엄하신 편이었는데 나에게는 일찍이 아버지를 여읜 불쌍한 외손자로 보였던지 잔정이 많으셨고 나를 퍽 귀여워하고 도와주려고 애를 쓰셨다.

외조부님께서는 아들로는 병우(1899~1947) 외삼촌 한 분밖에 없었다. 외삼촌은 남자다운 풍도가 있었다. 한시도 잘했고 붓글씨도 명필이고 술도 잘해서 좋아하는 친구도 많은 것으로 안다. 그러나 아들이 없어 딸 둘만 두시었다. 외삼촌내외 분의 인정도 대단했고 끝까지 아들이 없으면서도 가정은 화목했다. 이것은 모든 것을 극복할 수 있는 타고난 덕성 때문인가도 싶었고 외조부님의 인품에도 크게 영향을 받은 것으로 생각된다.

외조부님은 또 딸 넷을 두셨는데 맏사위는 밀양 평릉의 안종선이시고, 둘째는 이웃마을 수야동의 박장현 곧 나의 선친이시고, 셋째는 달성군 인흥의 문형채이시며, 넷째는 이웃 각남면 칠성리 장인재이시다.

박영석의 외조부 이재호

평릉으로 간 큰 이모는 이모부의 외도 때문에 일생동안 고생이 많았지만 그래도 법도에 어긋나거나 부도(婦道)에 이탈됨이 없으셨다. 언제나 정직하시고 남을 원망하지 않으시며 일생을 오로지 불심으로 살으신, 그 이모님의 인자하신 인품에 대한 추모의 염은 아직까지도 잊을 수 없다. 이토록 일생을 단정하게 살으셨다는 것은 외조부님의 훌륭한 가정교육 때문이 아니었던가 생각된다.

인흥의 이모는 원래 부자집 명문가에 출가하셨다. 한동안 불행하게도 고생을 하셨지만 나로서는 대구에서나 서울에서나 가장 도움을 많이 받았다. 그 이모나 이모부님은 항상 나의 선친에 대하여 많은 말씀을 하셨다. 물론 나를 불쌍히 여기셨기 때문일 것이다. 이 이모님은 모든 일을 과단성 있고 공정하게 처리하는 분으로 여겨졌다. 많은 자제를 교육시킴에 있어서 어느 누구의 남자도 그토록 자리에 맞게 엄하게 처리하는 분이 없으리라 생각했고 아마 남자로 태어났다면 우리나라에서 으뜸으로 존경받는 정치가가 되었을 것이라고 한마디로 말 할수 있을 것 같다. 외모도 단정하시고 자세하나 일생동안 흐트러짐이 없었으며, 모든 세파를 독식한 듯한 당대의 보기드문 여성이며 현명한 어머니였다고 하겠다. 이러한 모든 것 역시 외조부님의 교훈 때문이었고, 재령이씨에 대한 강한 자존심과 자부심의 발로라 하겠으며, 이모님의 자제교육이 어떠하였는가는 오늘날 이종들의 사회활동이 그대로 반증해주고 있다.

막내딸인 칠성리로 간 이모는 딸 둘을 남겨두시고 일찍 세상을 뜨셨다. 내가 외가에서 한번 뵌 기억뿐이지만 대단히 헌출하셨고 나를 퍽 귀여워했다. 그분의 딸들인 이종들이 나와 서로 각별한 정을 나누고 있는 것도 일찍이 이모를 여읜 때문으로 생각할 수 있다.

나의 외조부님께서는 생활하시는 모습 그 자체가 모두 교육적이시고 말씀마다 모두의 교훈이 되셨다. 유려한 필력으로 선대에 대한 비문을 다 지으시고, 석물을 외조부님 형제간에 합심하여 세웠으니 이것은 모든 종손에게 가통을 보여주신 것이요, 조상을 소중히 여기는 교훈을 남기신 것이다. 가사를 젖혀두고 부모형제에 대한 병구완에 매달린 것은 만고에 보기 드문 효제의 본보기이며, 평소 노모님에 대한 효도는 가히 출천지효라 하겠고, 왜란 때에 구국활동을 하신 선대에 관한 이야기는 충을 가르쳐 충효의 가통을 마련하자는 것이었다. 삼형제가 이웃살림을 꾸리면서, 조석으로 의논하여 서로 우애 있게 지냈다는 것은 자손들로 하여금 일가의 화목이 얼마나 중요한가를 일깨워 주신 것이다. 일상생활에서도 인간은 인간됨이 있어야 한다는 가치기집에서 언제나 예절과 법도를 앞세웠더니 많은 사람들이 존경하여 마지않았고 고을 향교 전교를 맡게도 되었으며, 당신의 빼어난 문장은 비단 선대의 묘갈명뿐만 아니라 다른 문중의 비문을 부탁받기도 하였고 저명한 조심재, 장복암, 박후강, 문수봉 등의 학자들이 찾아들게도 하였다.

평소에 명분과 지조를 목숨만큼 중히 여기시더니 그에 관한 일화를 또 하나 남기셨다. 한말의 순종황제와 외조부님은 갑술년 같은 해에 출생하셨기 때문에 나라에서 참봉 벼슬을 주겠다고 등록하라는 것이었다. 이웃마을의 재산 있는 어떤 이는 연령을 속여서까지 참봉하러 가는데 외조부님께서는 연령이 같다고 해서 참봉을 받는 것은 인간으로서 천하다고 해서 거절하셨다. 결코 허욕을 버리시고 의롭지 않는 일을 좇지 않으시는 당신의 평소 생활모습 그대로의 한 단면이다.

1926년 6월, 마지막 황제를 영결하는 순종의 인산일에 신민의 예로써 서울에 갔다 오셨는데, 오시는 길에 태극선을 사가지고 오셨다. 이것을 나의 어머님께 주셨는데 어머님은 고이 장롱 속에 넣어 두셨다가 해방 후에야 꺼내시고는 외조부님께서 임금님 장례식에 갔다가 사오신 것이라 하면서 나에게 보여 주셨다. 외조부님께서는 평소에도 외가댁정원에다 우리나라 국화인 무궁화를 심어 두시고 그 꽃을 보시면서 망국의 한을 달래시는가 하 면 끝내 일제에 협력하지 않고 조용히 저항하셨다. 이러한 것은 모두가 자손들에게 은연중에 민족의식을 심어 주신 것이다.

때때로 선대인 이운룡 장군의 무용담이나 갈암공의 훌륭한 행적에 관한 이야기라든지 탁영 김일손의 춘추필법의 정신을 즐겨 말씀하심으로써 역사의식을 자손들에게 고취하기도 하셨다.

나는 외조부님의 훌륭하신 인품을 지금의 나의 처지와 비교하면서 조용히 외조부님과 같은 인격을 도야한 사람이 되었으면 하는 생각을 할 때가 많다. 나의 어머님께서 불행했던 우리 가문을 유지하셨고 선친의 유고를 보존하고 정리하여『중산전서』로 간행할 수 있게 하셨으며 우리 삼남매를 잘 길러 오늘을 있게 하신 것은 오로지 외조부님의 우리 어머님에 대한 강인한 실천교육에서 이루어졌다고 생각할 때에 외조부님 내외분의 그 고매하신 인격과 그 하해와 같으신 은혜에 대하여 다시 한 번 추모하면서 명복을 빌고 싶다.

어머님의 회상을 곁들여, 주마등처럼 스치는 어릴 때의 외가에 대한 기억들을 순서 없이 적어 보았다. 이 글이 비록 산만하고 두서없으나 어렸던 시절의 외가로 나를 잠시 되돌아가 보게 한 그 기쁨은 이루 말할 수 없거니와, 행여나 이 내용이 재령이씨 문중과 나의 친인척 그리고 주위의 가까운 분들에게, 오늘을 함께 사는 생활인으로서 반드시 본받아야 할 하나의 미담으로 기억되어 주었으면 하는 바램을 가져보면서 외조부님에 대한 추념사에 갈음하고자 한다.

박영석의 처 증조부 김용환

박영석의 처 증조모 서영수

박영석의 처 조부 김정곤

박영석의 처 조모 이영수

박영석의 장인 김종원

박영석의 장모 김임선

3

처가, 청도 김해 김씨 탁영 김일손 집안*

김일손(金馹孫)

탁영 김일손(1464-1498)은 초기 사림파 인물로서 무오사화로 희생되었다. 그는 15세기 후반기 훈구파와 사림파의 대립과 갈등 속에서 현실에 대한 남다른 비판의식과 불의를 용납하지 못하는 선비정신을 소유한 강직한 사관이며, 경술(經術)과 사장(詞章)을 겸비한 대문장가였다.

그는 성품이 간략하고 강개하여 큰 절개를 지니고 있었으며, 그의 상소(上疏)나 차자(箚子)에서의 문장은 넓고 깊음이 큰 바다와 같았고, 인물을 시비하고 국사를 논의함이 마치 청천백일과 같았다고 전해지고 있다.

17세에 밀양에 가서 김종직의 문하에서 수학하였고, 김종직을 중심으로 한 금란계(金蘭契)가 조직되자 정여창·김굉필·조위·강혼 등과 함께 참여하여 서로 마음을 같이하고 뜻을 함께 하였다. 그리고 그는 동료들과 곧잘

* 이 글은 박주, 「김일손의 생애와 무오사화」, 『조선사연구』12, 조선사연구회, 2003에 의한 것이다.

산행을 통하여 동류의식을 키워 갔는데, 남효온·홍유손 등과 함께 용문산에서 산유한 것이나, 정여창 등과 함께 두류산(頭流山, 지리산)을 기행한 것, 김굉필이 내방하여 가야산을 주유한 것 등이 그 좋은 예이다. 또한 그는 사림파 계열의 인물들과 교류하면서도 당시의 경상감사, 진주목사, 청도 군수 등과도 교류하였다.

그는 가끔 사가독서(賜暇讀書)하면서 주위의 학자들과 학문적 인간적 유대를 강화하였다. 즉 성종 24년(1493) 가을에 그는 신용개(申用漑)·강혼(姜渾)·이희순(李希舜)·김자헌(金子獻)·이과(李顆)·권오복(權五福) 등과 함께 사가독서하면서 여가에 거문고를 배우기도 하였다. 그는 뛰어난 문장력을 발휘하여 기문(記文)·시부(詩賦)를 지어 교유에게 보내기도 하였다. 어릴 때부터 교유하고 서당이나 홍문관에서 함께 일한 강혼(姜渾)에게는「추회부(秋懷賦)」,「의별부(擬別賦)」등을 지어 주면서 자신의 기질이나 속마음을 털어놓기도 하였다. 그는 언제나 능동적이고 적극적인 자세로 교우를 찾아 다녔으며, 그의 뛰어난 문사적 기질을 유감없이 발휘하였던 것이다. 그리고 그는 사관으로 있을 때 직필을 생명보다 더 중요하게 생각하였다.

훈구파와 사림파와의 첨예한 대립은 김일손이 사초에 수록한 김종직의 '조의제문'을 빌미로 하여 무오사화로 비화되었다. 결국 그는 현실사회의 모순과 질곡에 맞서 저항하다가 무오사화로 인해 35세의 젊은 나이에 희생되었다.

김일손의 생애

김일손은 부 집의(執義) 김맹(金孟)과 모 용인이씨(龍仁李氏)사이의 3남으로 세조 10년(1464)에 경상도 청도군(淸道郡) 상북면(上北面) 운계리(雲溪里) 소미동(小微洞)에서 태어나 연산군 4년(1498) 무오사화 때 35세로 세상을 떠났다.

그의 본관은 경상도 김해이고, 자는 계운(季雲)이며 호는 탁영(濯纓)이다. 김수로의 후예로 중시조 김항(金伉)에서부터 청도에서 살았다. 그의 증조부 서(湑)는 현감(縣監)을 지냈으며, 조부 극일(克一)은 효성이 지극하여 문인들로부터 절효(節孝)선생이라 칭하여졌다. 그의 맏형 준손(駿孫), 둘째형 기손(驥孫) 모두 과거에 급제하였다. 맏형 김준손의 장남 대유(大有)는 호가 삼족당(三足堂)으로 그의 경술과 재행은 조광조 같은 제현들이 크게 칭찬하였다고 한다. 김대유(1479-1551)는 무오사화에 연루되어 부친과 더불어 전라도로 귀양간 바 있었다. 그리고 그는 중종 2년(1507) 진사시에 합격했으며, 조광조를 비롯한 기묘사림의 추천으로 현량과에 합격하였다. 그렇지만 기묘사화 이후 현실정치에 대한 뜻을 접고 청도의 운문산 근처 愚淵에서 삼족당을 짓고 자연과 더불어 말년을 보냈다. 그는 당대 사림세력으로부터 크게 추앙을 받았으며, 남명 조식(1501-1572)과도 교우관계를 맺었다. 그의 사후 남명 조식은 묘갈명을 헌증하였다.

김일손은 8세에 가정에서『소학』을 배우기 시작하였다. 15세에 성균관에 들어가 독서를 했으며, 선산(善山)에 은거하던 정중호(鄭仲虎)·이맹전(李孟專) 등을 방문하여 그들로부터 세조의 왕위찬탈과 단종의 죽음에 대해 사실을 듣게 되었다. 그리고 그해 여말 성리학자인 우탁(禹倬)의 후손 우극관(禹克寬,

참판)의 딸과 결혼하였다.

17세 때에는 비로소 밀양에 가서 김종직(1431-1492)의 문하에서 경전(經傳)과 한문(韓文, 韓愈文集)을 수학하게 되었다. 18세 때 남효온(1454-1492)과 함께 용문산(龍門山)을 유람하였는데, 남효온은 그 3년 전인 성종 9년(1478) 4월에 25세의 유학(幼學)신분으로서 소릉(昭陵) 복구 상소를 올려 조야에 큰 파문을 던진 바 있었다. 그 해 8월 원주(原州) 주천(酒泉) 산중에 은거하고 있는 원호(元昊)를 찾아보고 그로부터 단종의 영월 유배 및 죽음과 사육신에 대한 전후 사정을 상세히 들었다.

24세 때는 홍문관(弘文館) 정자(正字)에 이배(移拜)되었으나 부인 우씨(禹氏)의 죽음으로 나가지 않았다. 남효온과 함께 세조가 즉위하자 벼슬을 버리고 파주에 은거하고 있던 성담수(成聃壽)를 방문하고 그 곳의 명산을 유람하였다. 그리고 금산군(金山郡)을 지나다가 조위(曺偉)를 방문하였다. 그해 10월에는 진주목학의 교수로 부임하였다. 25세인 성종 19년(1488) 3월에는 진주목사 경태소(慶太素) 및 유관제공(遊官諸公) 21명과 촉석루에서 수계(修禊)하고 서문을 지었다. 그 무렵 정여창(鄭汝昌)·남효온(南孝溫)·홍유손(洪裕孫)·우선언(禹善言)·최한(崔漢). 김굉필(金宏弼) 등을 만나 학문적 교류를 돈독히 하였다. 남효온. 홍유손, 우선언과 함께 청도의 운문산을 유람하였다. 그는 동료들과 산행하여 호연지기를 함양하였고 또 거문고를 타고 곡조를 논하는 등 음률에도 조예가 깊고 풍류를 좋아하였다.

예문관·홍문관에서의 그의 활동은 적극적이고 강직한 사림파의 성향을 잘 보여 주었다. 처음 그는 승문원(承文院)에 보임되어 부정자(副正字)의 일을 맡다가 다시 정자(正字) 춘추관(春秋館) 기사관(記事官)으로 승배되었다. 26

세 때는 정여창(1450-1504)과 함께 두류산을 등반하고 〈속두류록(續頭流錄)〉을 남겼고, 주계부정(朱溪副正) 이심원(李深源)과는 치도(治道)에 대하여 강론하였다. 그해 8월에는 한원(翰苑)에 입직(入直)하고 경연(經筵)에 참석하였으며, 동료 이주(李胄)와 함께 사관(史官)이 기사(記事)하는 규칙을 아뢰기도 하였고, 차자(箚子)를 올려 치도(治道)를 아뢰기도 하였다. 비록 그는 그 해 10월에 탄핵을 받아 잠시 금녕(金寧)에 유폐되기도 하였으나 곧 방환(放還)되어 다시 정자(正字)에 제수되었고, 11월에 왕의 특별 교지로 요동질정관(遼東質正官)이 되어 명나라를 다녀왔다.

성종 21년(1490) 27세 때 그는 승정원(承政院) 주서겸검열(注書兼檢閱)에 제수되었고, 그 해 5월에는 홍문관(弘文館) 저작(著作)·주서(注書)·검열(檢閱) 등의 관직을 겸직하였다. 이후 그는 성종 말년까지 홍문관 박사(弘文館 博士)·부수찬(副修撰)·수찬(修撰)·부교리(副校理)·교리(校理) 및 승정원 주서(承政院 注書)·검열(檢閱)·대교(待教), 성균관 전적(成均館 典籍)·직강(直講), 사헌부 감찰(司憲府 監察)·지평(持平), 진하사 서장관(陳賀使 書狀官), 사간원 정언(司諫院 正言)·헌납(獻納). 용양위 사정(龍驤衛 司正), 교서관 박사(校書館 博士), 병조좌랑(兵曹佐郎), 이조좌랑(吏曹佐郎)·정랑(正郎), 충청도 도사(忠清道 都事), 예문관 응교(藝文館 應教), 의정부 검상(議政府 檢詳), 승문원 교리(承文院 校理) 등 여러 관직을 두루 거치면서 활발한 정치적 활동을 전개하였다.

이 무렵 그는 노산군(魯山君)의 입후(立後)를 주청(奏請)하고, 사관(史館)에 입직하여 사초(史草)를 닦으면서 스승 김종직의「조의제문(弔義帝文)」을 거기에 수록하였으며, 남효온이 지은「육신전(六臣傳)」을 교정. 증보하였다. 그리고 그해 4월에 영산의 부로(父老)들을 위해 신담(申澹)의 생사당기(生祠堂記)를 지었다. 즉 전영산현감(前靈山縣監) 신담의 덕행을 기리는 생사당(生祠堂)이 고을 백성들에 의해 건립되었는데, 그 기문인「생사당기(生祠堂記)」를 그가 짓게 되었다. 영산(靈山)은 그의 외향으로서 청도에서 그리 멀리 떨어져 있지 않았기 때문에 외족과의 왕래가 잦았다. 그의 외증조인 한성부윤 이간이 영산에 살고 있었는데 이런 연유로 외족들이 이 고을에 많이 살고 있었다. 그가 기문을 지었다는 사실을 후에 경상도 관찰사 김여석(金礪石)에 의해 왕에게 치계되었다. 그 해 10월에는 시폐칠사(時弊七事)를 논하였고, 이후 서장관으로 명에 갔을 때 그곳의 예부 원외랑(禮部 員外郞) 정유(程愈)를 만나『소학집설(小學集說)』을 얻어왔다. 이에 성종은 교서관으로 하여금 간행토록 하고 전국에 반포하게 하였다.

특히 28세 때인 성종 22년(1491) 10월에 처음으로 소릉(昭陵)의 위호(位號) 회복을 청하는 상소를 올려 소릉복위 문제를 정식으로 거론하였으나 윤허 받지 못하였다.

또한 29세인 성종 23년(1492) 7월에는 사간원 헌납이 되면서 이주(李胄)와 더불어 차자(箚子)를 올려 이극돈(李克墩)과 성준(成俊)이 권세를 다투어 당(黨)을 나눈 것을 탄핵하였다.

성종 25년(1494) 31세 때에는 병조 경차관(敬差官)으로서 충청도, 경상도 성곽의 퇴락 여부를 조사하는 임무를 띠고 그곳에 파견되어 지방관의 축성 감독 상황을 파악하여 보고함으로써 지방수령의 상사(賞事)를 다시 결정토록 하기도 하였다. 또 그해 7월에는 충청도 도사로 추천되어 외관으로서의 활동을 전개하였다. 연산군이 즉위하면서 그는 사간원 헌납에 제수되어 대간으로서의 활동을 전개하게 되었다. 그는 연산군 원년(1495) 5월에 시국(時

局)에 관한 이익(利益)과 병폐(病弊) 26조목을 상소하였으나 연산군은 아무런 비답을 내리지 않았다.

26조목을 보면 상제(喪制), 사면(赦免), 절검(節儉), 예제(禮制), 법집행(法執行), 제조(提調)의 혁파, 언로(言路)의 확충, 종실(宗室)의 등용, 사관(史官)의 확대, 감사구임(監司久任)과 어사파견, 대외무역의 폐단시정, 효렴(孝廉)의 등용, 분긍(奔競)의 억제, 인재의 천거, 시사 전경(試士專經), 수령의 임용, 외관의 우대, 지방교관의 임용, 사전(寺田)의 혁파와 학전(學田)의 충당, 왜적의 대비, 평사(評事)의 설치, 유향소 역할의 증대, 세창(稅倉)의 설치, 기인(其人)의 혁파, 양천상혼(良賤相婚)의 금지, 소릉의 복구 등이었다. 이러한 건의안은 당시 조정의 상당한 파장을 불러일으켰다.

연산군 원년(1495) 10월부터 그를 비롯한 대간들과 왕과의 논쟁은 시작되었다. 그를 비롯한 대간들과 국왕과의 갈등은 왕의 경연 참석 문제를 둘러싸고 시작되어 수륙재(水陸齋) 행사와 묘제(廟制) 문제를 통해 확대되었다. 그는 비록 벌을 받고 죽는 한이 있더라도 군주를 정도(正道)로 이끌어 유교적 도덕정치가 구현되도록 해야 한다는 신념에 차 있었다.

정치. 사회 개혁론

수륙재의 실행을 반대

수륙재(水陸齋)는 물과 육지에서 헤매는 외로운 영혼과 아귀를 달래며 위로하기 위하여 불법을 강설하고 음식을 베푸는 불교의식을 말하는데, 우리나라에서는 고려시대부터 시작되어 조선시대에 특히 성행하였다.

연산군 즉위년(1494) 11월에 김일손은 경연에서 수륙재를 금지할 것에 대하여 상언하였다. 성종의 상을 당하여 대비의 지시로 하여 수륙재가 설재된 것에 대하여 김일손을 비롯한 사림파들은 숭유배불론의 입장에서 이를 반대하였다. 당시 대간으로 재임하고 있던 김일손은 이의무(李宜茂), 한훈(韓訓), 이주(李胄) 등과 수륙재를 반대하는 상소를 재차 올렸으나 받아들여지지 않았다. 결국 수륙재는 중종 10년(1515)경 유생들에 의한 강력한 반대에 의해 나라에 의한 공식적인 설재가 금지되는 것으로 실현되게 되었던 것이다.

소릉의 복위 상소

그의 언론 활동 중 가장 큰 비중을 차지하는 것은 소릉(昭陵) 복위 문제였다. 그는 대사간 김극뉴(金克忸), 사간 이의무(李宜茂), 정언 한훈(韓訓), 이주(李胄) 등과 함께 소릉의 복위를 청하는 헌의를 하였다. 소릉은 세조조에 그 묘가 파헤쳐지고 종묘에서 신주가 철거되는 변을 당하였던 문종의 비 현덕왕후의 능을 말한다. 현덕왕후는 단종의 모후이며 화산부원군 권전의 딸이다. 1437년 세자빈이 되었고, 1441년 단종을 출생하고 3일 뒤에 승하하였다. 같은 해 현덕이라는 시호를 받고 경기도 안산군에 예장되었고, 1450년 현덕왕후에 추숭되고 능호는 소릉이라고 명명되었다. 그러나 세조 3년(1457)에 그녀의 어머니인 아지와 동생 권자신(權自愼)이 1456년에 단종의 복위를 도모하다가 복주되면서 아비 권전이 추폐되어 서민이 되었고, 아들 단종이 군으로 강봉되어 폐위되고 종묘에서 신주가 철거되었으며 평민의 예로 개장되는 비운을 겪었던 것이다.

소릉의 복위에 대한 논의는 생육신의 한 사람인 남효온으로부터 처음 제

기되었다. 즉 문종비 권씨는 단종을 낳은 후 곧 죽었는데도 일시에 추폐되어 문종은 종묘에 독향되어 있고, 지금까지 배존(配尊)의 신주가 없으므로 소릉과 묘주를 복위하여 문종에 배향할 것이며 아울러 합향을 위한 의식절차를 예관으로 하여금 작정하게 하여 시행토록 하자는 것이었다. 이러한 사간원의 헌의에 대하여 예조는 문종의 묘가 독주이나 소릉은 조종조에서 폐릉한 지 오래되어 경솔하게 다시 세우기 어렵고, 검제(劍祭)·검향(劍享)도 조종조에 행하지 못한 일을 하루아침에 행하고자 논의하는 것은 온당치 못하다고 하여 반대하였다.

이 묘제에 관한 논의는 연산군 2년(1496) 1월 9일에 증경정승(曾經政丞) 및 정부 육조를 명소(命召)하여 의논케 함으로써 해결의 실마리를 찾는 듯하였으나 결말을 보지 못한 채 논의가 중단되고 말았다. 결국 소릉복위에 대한 주장은 중종 8년(1513)에 가서 실현을 보게 되었다.

무오사화(戊午史禍)

무오사화의 발발 원인은 훈구파와 사림파의 갈등에서 비롯된 것이다. 무오사화는 연산군 4년(1498) 7월에『성종실록』을 찬수하기 위한 사국(史局)이 열리면서 시작되었다.

이극돈(李克墩)의 사림파에 대한 반감에서 무오사화가 발단된 것으로 당시의 여러 기록류는 전하고 있다. 이극돈은 광주 이씨로 우의정을 지낸 이인손의 아들이다. 그의 선조는 대대로 광주에서 토착한 세력으로 그의 증조인 이집 때부터 두각을 나타내기 시작했다. 이극돈은 5형제인데 모두가 문과에 급제한 당대 최고의 문벌을 자랑하던 집안이었다. 실록청 당상관이었던 그는 사초를 열람하는 과정에서 자신의 비행이 김일손에 의해 사초로 기록된 사실을 알게 되었다. 그와 관련된 사초라 함은 그가 세조조에 불경을 잘 외운 덕으로 벼슬을 얻어 전라도 관찰사가 된 것과 세조비였던 정희왕후의 상을 당하였을 때 장흥(長興)의 관기 등을 가까이한 일, 그리고 뇌물을 받은 일 등의 내용이었다. 이에 그는 김일손에게 고쳐 주기를 청했으나, 거절당하였으므로 감정을 품게 되었던 것이다.

그런데 그는 김일손에 대하여 일찍부터 좋지 않은 감정을 가지고 있었다. 즉 성종 17년(1486) 병오년에 김일손이 대과인 병오년 문과에 응시하였을 때, 예조 시관이었던 그는 모든 관리들이 김일손의 문장을 능작으로 여겨 1등에 두고자 하였으나. 과장(科場) 제술(製述)의 정식(定式)에 맞지 않는다는 이유로 2등으로 결정하였던 것이다. 그 후 그가 이조판서가 되었을 때 이조낭청을 뽑아야 할 일이 생겼다. 낭청들이 모두 김일손을 여러 차례 낭청으로 천거하였으나, 이극돈은 김일손이 장차 홍문관으로 들어갈 것이라는 핑계로 망(望)에 넣어주질 않다가 병조 당상이 강력히 추천한 탓에 부득이 병조좌랑에 의망(擬望)하였다. 이러한 일들로 인하여 이극돈의 아들 이세전(李世銓)도 이웃 고을의 수령으로 부임하여 김일손의 형 준손(駿孫)에게는 문안을 하면서도 김일손을 찾지 않았을 뿐 아니라 그를 험담한 사실도 전해지게 되었던 것이다. 결국 김일손과 이극돈 부자간의 감정대립은 훈구파에 대한 김일손의 언론공세로 이어지게 되었다.

김일손의 훈구파에 대한 적극적인 대응은 그가 헌납(獻納)이 되어 직언한 데서 잘 드러나고 있다. 그 뒤 사국이 열렸을 때 이극돈은 당상이 되어 김일손의 사초에 자신의 악행과 함께 세조의 일이 소상히 기록되어 있음을 보고 이를 이용하여 자기의 원한을 갚으려고 하였던 것이다.

유자광도 김일손을 비롯한 사림파에 대하여 개인적 감정을 가진 인물이었다. 그는 경주 부윤 유규(柳規)의 서자로서 갑사에 소속되어 있었는데, 이시애의 난 때 자진하여 정벌에 종사하게 되었고 돌아와서는 세조의 발탁을 받았으며, 예종 초에는 남이(南怡)를 무고하여 죽이고 그 공훈으로 무령군(武靈君)에 봉해진 인물이었다. 그런데 유자광은 일찍이 함양(咸陽)을 유람할 때 시를 지어 그곳 군수에게 부탁하여 현판해 둔 적이 있었는데, 후에 김종직이 군수로 와서는 이것을 철거해 버린 일이 있었다. 이에 유자광은 몹시 분개하여 원한을 품게 되었다. 그러면서도 그는 당시 성종의 신임을 받고 있던 김종직과 친교하였고, 김종직이 죽었을 때에는 만사(挽詞)를 지어 그를 왕통(王通)과 한유(韓愈)에 비하기까지 하면서 자신의 악감을 숨기고 있었다.

이극돈은 사초를 실록에 싣지 않을 수 없는 상황에 몰리게 되자, 사초에 실린 다른 내용을 문제 삼아 문제의 핵심을 다른 곳으로 돌리려 하였다. 즉 신하로서는 거론 할 수 없는 세조대의 궁금비사(宮禁秘事)를 사초화했음을 빌미로 그를 포함한 사림파를 곤경에 빠뜨리려 했던 것이다. 그는 유자광에게 이러한 사실을 일차적으로 알리고, 유자광은 다시 세조의 총신인 노사신(盧思愼)·윤필상(尹弼商) 및 궁액(宮掖)들과 연결되어 있는 한치형(韓致亨), 외척인 도승지 신수근(愼守勤) 등에게 사초 사실을 전함으로써 왕에게까지 알려지게 되었다. 연산군도 " 명예를 구하고 왕을 능멸하여 나를 자유롭지 못하게 하는 자들은 모두 그 무리들이다 " 라 하여(대동야승권8 해동야언Ⅱ유자광전) 평소에 사림파 계열의 문사들을 미워한 감정을 터뜨리게 되었다. 결국

왕은 사초를 대내(大內)로 들일 것을 명하게 되었고, 이로써 그를 필두로 한 사림파의 수난은 시작되었던 것이다.

이와 같이 무오사화는 김종직, 김일손과 이극돈·유자광의 개인적 감정 대립을 기폭제로 하여 사건화한 것이며, 세조의 즉위과정에서 보여 준 왕과 훈구파의 반인륜적, 비윤리적 행위를 사림파가 문제 삼음으로 써 야기된 사건이었다. 무오사화는 사림파와 훈구파간의 정치·사회적 및 사상적 입장 차이로 말미암은 갈등에 그 근본 원인을 두고 있다.

무오사화가 발발하였을 때 김일손은 모친상을 당하여 청도에 내려가 있었다. 그는 호조정랑으로 있던 연산군 2년(1496)에 모친상을 당하였고, 3년이 지나 상복을 벗자 풍병이 생겨 그곳에 기거하고 있었던 것이다. 사화가 일어나면서 그는 허반(許磐)과 더불어 가장 먼저 잡혀 서울로 압송되었다. 김일손은 잡혀오면서 이극돈과 관련이 있는 사초문제임을 직감하였다.

그는 연산군 4년(1498) 7월 12일 빈청에서 신문을 받기 시작하였다. 김일손이 기록한 사초의 내용은 크게 단종, 세조와 관련된 궁중비사와 세조의 집권과정에서 발생한 일들이었다.

이에서 김일손은 세조와 그를 옹립한 훈구대신들의 불법성과 비윤리성을 밝히고, 나아가 소릉의 복위와 노산군 봉사조의 입후를 통하여 왕조의 정통성을 회복하고 유교적 윤리를 고취하려는 의지를 보여주고자 하였다. 한편 훈구파는 김종직의 문집에서「조의제문(弔義帝文)」과 「술주시(述酒詩)」의 서문을 찾아내어 사림파에 대한 치죄의 강도를 높이려 하였다. 김종직의「조의제문(弔義帝文)」은 외견상 진말(秦末) 항우(項羽)에 의해 시해된 초(楚)의 의제(義帝)를 조상(弔喪)한 글이나 내면적으로는 의제를 단종에, 항우를 세조에

빗대어 그의 집권을 반인륜적인 것으로 은유한 것이었다.

유자광 등은「조의제문」과 이「술주시」는 모두 세조를 지목하여 지은 것으로 김일손의 악한 짓은 모두 김종직이 가르쳐서 만든것이라고 하면서 김종직에 대한 논죄와 그의 문집 소각을 추진하였다.

이와 함께 훈구파와 평소 갈등이 있던 이목(李穆)·임희재(任熙載)·이원(李黿)·표연말(表沿沫)·홍한(洪瀚)·주계부정 심원(朱溪副正 深源) 등 사림파 인물들을 차례로 국문하였다.

이목은 성균관에 있을 때 윤필상을 '간귀(奸鬼)'라고 지칭한 일이 있었고, 임희재와 함께 이극돈의 아들 세전(世銓)을 길에서 모욕한 바 있었다. 이원은 김종직의 시장(諡狀)에서 그를 칭송하였고, 표연말은 김종직의 행장을 지었을 뿐만 아니라 사초에 소릉을 훼철함은 문종에게 어긋난 도리라고 기록하였다. 그리고 홍한은 사초에 정창손이 스스로 신하로서 섬겼던 노산군을 '首唱請誅(수창청주)'했다는 사실을 기록했으며, 심원은 성종대에 세조의 구신(舊臣)을 등용하지 말 것을 주청한 사실이 있는 등 모두 훈구파의 공격에 앞장선 인물들이었다.

이같은 추국과정을 통해 이미 죽은 김종직은 부관참시(剖棺斬屍)되었고, 그의 문인들은 대부분 화를 당하게 되었다. 김일손은 권오복, 권경유 등과 함께 능지처참되었는데, 이때 김일손은 35세의 나이였다. 이목과 허반은 참수형을 당하고 가산이 적몰되었다. 허반은 몇 달 전 장원급제한 인물이었으나 궁중비사를 김일손에게 전했다는 이유로 참수형에 처해진 것이다. 강겸은 강계에 보내어 종을 삼고, 표연말은 경원으로, 정여창은 종성으로, 강경서는 회령으로, 이수공은 창성으로, 정희량은 의주로, 홍한은 경흥으로,

임희재는 경성으로, 총은 온성으로, 유정수는 이산으로, 이유청은 삭주로, 민수복은 귀성으로, 이종준은 부령으로, 박한주는 벽동으로, 신복의는 위원으로, 성중엄은 인산으로, 박권은 길성으로, 손원로는 명천으로, 이창윤은 용천으로, 최부는 단천으로, 이주는 진도로, 김굉필은 희천으로, 이원은 선천으로, 안팽수는 철산으로, 조형은 북청으로, 이의무는 어천으로 각각 귀양살이를 떠났다. 이극돈 또한 사건처리 과정에서 사초를 지연했다는 이유로 파직되었다. 그러나 윤필상을 비롯한 다른 훈구대신들은 수많은 전답과 노비를 하사받았다.

김일손은 중종 1년(1506)에 관직이 회복되고, 그 이듬해에는 가산(家産)이 환급(還給)되었으며, 중종 7년(1512)에는 그에게 통훈대부 홍문관 직제학이 증직되었다. 그리고 현종 1년(1660)에는 통정대부 승정원 도승지가 증직되었으며, 이듬해에는 그가 제향된 청도의 자계서원에 사액의 은전이 베풀어졌다. 순조 30년(1830)에는 자헌대부 이조판서가 증직되었고, 순조 34년(1834)에는 '文愍(문민)'이라는 시호(諡號)까지 하사되었다.

자계서원(紫溪書院)

무오사화로 김일손이 악형을 당할 때 냇물이 별안간 붉은 빛으로 변하여 선조는 서원의 편액을 하사할 때 자계(紫溪)라는 이름을 내렸다.

자계서원에는 증집의(贈執義) 김극일과 증도승지(贈都承旨) 김일손과 증응교(贈應敎)김대유 등 삼세(三世)가 제향을 받고 있다. 손자가 조부와 배향되고, 조카가 숙부와 배향되어 있다. 즉 지평을 지낸 김극일은 어릴 때부터 효성이 극진하여 어머니가 등창이 나자 피고름을 빨았으며, 아버지가 병으로 앓고 계실 때 대변을 맛보았고 아버지와 어머니의 상을 당했을 때는 묘 곁에 여막을 지어 거처하면서 아침 저녁으로 슬프게 울어 마치 처음 빈소를 차린 것과 같이 하였으니 그 정성에 짐승들도 감동하여 호랑이가 길들어지는 기이한 일까지 있었다. 그 일이 세조에게 알려져 특명으로 정려(旌閭)를 하도록 하였다. 그 후 세상을 떠나자 그 고을 사람들은 절효(節孝)선생이라고 불렀다.

김종직은 일찍 말하기를 " 그 순실한 효행이 증자(曾子), 유금루(庾黔婁)와 천년 후 선후를 다툴만하다" 고 하였다. 이 사실은 삼강행실에 기록되어 있다.

그 손자인 탁영 일손의 문장과 기절은 옛날부터 지금까지 드물게 있는 일이므로 전현들은 청천백일에 비하였으며, 그의 증손 삼족당(三足堂) 대유도 효우와 학문으로 한 시대에 명성을 떨치어 삼대에 걸쳐 명인이 잇달아 나왔다고 하였다.

삼족당 대유는 천성적으로 효성과 우애가 지극하고 학문이 해박하여 중종이 등극한 후에는 선대의 공덕으로 현량과에 발탁되어 간관으로 불렀으나 관직을 사양하여 나아가지 않고 가난한 생활을 고수하여 한평생을 살다가 세상을 떠났다. 조식은 그를 일컬어 " 국량이 넓고 인자한 마음이 지극하였으며 언론이 격앙하고 정의에 강하였다. 게다가 관대하고 청아하여 경사를 강론하던 거유였으며 훤칠한 모습으로 활쏘기와 말을 탈 때 조금도 어기지 않는 호사였을 뿐 아니라 선행을 좋아하여 혼자 선행을 하였고, 널리 사람들을 구제하여 자신을 구제하였다."고 하였다.

선조 때에는 고 이조정랑 일손에게 도승지겸 직제학을, 지평 극일에게는 집의를, 정언 대유에게는 응교를 증직하고 아울러 사액을 하여 자계서원에서 제향을 받들게 하였다.

자계서원

역사적 위상

김일손은 성종 17년(1486) 문과에 급제한 후 승문원 부정자로 입사한 이래 주로 예문관, 홍문관, 승정원 등에 재직하면서 활동하였다. 그는 진주목의 교수로 부임하여서는 진양수계를 결성하였고, 예문관에 입직해서는 동료 이주와 함께 사관이 기사하는 규칙을 아뢰었으며, 차자를 올려 치도를 논하기도 하였다. 이후 성종 21년(1490) 승정원에 입직하면서 노산군의 입후를 주청하였고, 사관에 입직하여 사초를 닦으면서 김종직의 〈조의제문〉을 기록하였으며, 이듬해에는 소를 올려 소릉 복위문제를 정식으로 거론하였다. 그의 치인 경사의 성향은 연산군 원년(1495) 5월에 상소한 〈근조리병이십육사〉에 종합적으로 정리되어 있다.

연산군이 즉위하면서 김일손은 사간원 헌납에 제수되어 대간으로서의 활동을 펴게 되었다. 그를 비롯한 대간과 국왕과의 갈등은 왕의 경연 참석문제를 둘러싸고 시작되어 수륙재 행사와 소릉복위 문제를 통해 확대되었다.

무오사화의 직접적인 계기는 〈〈성종실록〉〉의 찬수를 위한 사국이 개설되면서 마련되기 시작하였다. 당시 사국 당상이었던 이극돈은 자신의 비행을 기록한 김일손의 사초를 삭제하려는 계획이 실패로 돌아가자 신료로서는 거론해서는 아니 될 세조대의 궁금비사를 김일손이 사초화했음을 국왕에게 고하였고, 그에 따라 사림파 인물들을 치죄하기 시작하였다. 관련자의 국문 과정에서 드러난 문제의 사초는 크게 단종, 세조와 관련된 궁금의 비사와 세조의 집권 과정에서 발생한 일들에 관한 것이었다. 이에서 김일손은 세조와 그를 옹립한 훈구대신들의 불법성과 비윤리성을 밝히고, 나아가 소릉의 복위와 노산군 봉사조의 입후를 통하여 왕조의 정통성을 회복하고 유교적 윤리를 고취하려는 의지를 보여주고자 하였다.

김일손은 소릉 복위와 노산군 봉사손의 입후를 강력히 주장함으로써 세조와 훈구파의 정통성을 부정하고, 그 토대 위에서 초기 사림파가 추구한 이상정치를 현실에 구현코자 한 인물이었다. 김일손은 35세의 짧은 일생을 살았지만 15세기 후반의 현실을 냉정하게 인식하였고, 추호의 망설임없이 그 현실에 대응한 초기 사림파의 대표적 인물이다.

우암 송시열이 쓴 문집서(文集序)에는 " 그는 정이천(程伊川)과 주자(朱子)보다 더 후세에 태어나서 김굉필, 정여창 같은 노선생과 학문을 연마하고 도의(道義)를 함양하였으므로 그 선택함이 청결하여 잡박스럽지 않다." 고 하였고, 또 " 우주간에 간간히 날 수 있는 기개가 있다."고 하였다. 또한 추강 남효온도 "그는 세상에 보기 드문 자질을 타고 났으며 종묘에서 사용할 수 있는 그릇이다. ", "계운(季雲)의 장차(章箚)는 장강대해(長江大海)와 같고 국사를 논하고 인물을 평함에 있어서는 청천백일(靑天百日)과 같아 친구 중 제일의 인물이다"고 하였다. 남명 조식은 " 살아서는 서리를 업신여길 절개(凌霜之節)가 있었고 죽어서는 하늘에 통하는 원통함(通天之寃)이 있었다"고 하였고, 동춘당 송준길은 김일손의 원액(院額)을 청하는 소장(疏狀)에서 "일손의 도학문장(道學文章)과 정충직절(精忠直節)은 온 세상을 휩쓸었다."고 하였으며, 전라도 유림들이 김종직과 김일손의 승무(陞廡)를 청하는 소장(疏狀)에는 "김일손은 종직의 고제(高弟)로 도덕과 인의를 택한 사람이다"고 하였다. 이와 같이 그의 절의와 도학의 조예를 알 수 있다.

그리고 김일손이 성종 20년(1489) 11월에 질정관(質正官)과 이어 서장관

(書狀官)의 중임을 띠고 명나라에 갔을 때 중국의 명유(名儒)인 예부원외랑(禮部員外郞) 정유(程愈)는 그를 전송한 글에서 "한유(韓愈)와 구양수(歐陽修)같은 문장가이며 주돈이(周敦頤)와 정호(程顥). 정이천(程伊川) 같이 학문의 연원이 있는 분이다" 고 극찬하였다. 그 때 정유(程愈)에게 『소학집설』을 얻어 귀국하여 우리나라에 처음으로 보급하였다.

중종 2년(1507) 10월에 중종도 그의 유문(遺文)을 구하기 위해 " 내가 듣기로는 중국사람들이 김일손의 문장을 한유에게 비하고 있다는데 나는 아직 보지 못했으니 그의 문장은 과연 어떤 것일까?" 라는 전지를 내리고 곧 교서관에 명하여 본가에 가서 그 유고를 구해오라고 하였다. 그리하여 여기저기서 모은 문집 상하권과 속집 단권이 전해오고 있다.

참고문헌

『國譯 濯纓先生文集』, 紫溪書院刊行所, 1994

『성종실록』

『연산군일기』

『중종실록』

『연려실기술』

『대동야승』

『濯纓 金馹孫의 문학과 사상』, 영남대학교 민족문화연구소, 1998

이병휴, 『朝鮮前期 士林派의 現實認識과 對應』, 일조각, 1999

박홍갑, 『사관위에는 하늘이 있소이다』, 가람기획, 1999

4

아버지 박장현*

박영석의 아버지 박장현

부군의 휘는 장현이시고 자는 문경, 호는 중산이시다. 계보를 보면 신라 시조 박혁거세의 후예중에 휘를 언부(彦孚)라 하고 밀성 부원군을 책봉 받은 이가 계시였다. 그이가 휘 효신(孝臣), 호 애일(愛日), 당관으로서 문하시중까지 지낸 이를 낳으셨다. 시조는 문익(文翼)인데 인종묘(仁宗廟)에 배향되시었다. 4대를 내려와 휘가 간(幹), 평장사로 있었고 시호가 문효(文孝)란 분이 있었다. 그이가 시호는 문헌(文憲), 은산 부원군(銀山府

---

* 〈불초고(不肖孤) 영석(永錫), 피눈물로 삼가 적사옵니다.〉의 제목으로 박영석이 생전에 부친을 그리워하며 쓴 글. 중산 박장현의 비문이다.

문화당

院君)으로 책봉받은 호가 죽헌(竹軒), 휘가 영균(永均)이란 분을 낳으셨다. 그 이는 휘가 익(翊), 호가 송은(松隱)이란 분을 낳으셨다. 송은은 시호가 충숙(忠肅)이고 고려가 망하자 망복절을 지키었다. 그이는 휘가 융(融), 호가 우당(憂堂)이라는 분을 낳으셨다. 포은 선생의 문인 탁영(濯纓)선생의 『도주기(道州記)』에 이르기를 「박선생 융은 이 로(路)도사(都事)로서 여러 읍의 제기를 지었는데 아주 유력하였다」고 하였다. 그이가 휘는 건(乾), 호가 두곡, 부사직(副司直) 벼슬을 한 분을 낳으셨다. 그이가 밀양으로부터 처음으로 청도에 와서 살았다. 그이는 휘가 승원(承元), 호가 퇴암(退巖), 부사직(副司直)벼슬을 한 이를 낳으셨다. 그이가 휘는 하징(河澄), 호가 병재(甁齋)라는 분을 낳으셨다. 그이는 이회재(李晦齋), 이퇴계 조남명(曺南冥) 제 선생들과 시서내왕이 있었다. 그이가 휘는 적(頔), 호는 수모재(守慕齋)라는 분을 낳으셨다. 퇴계 선생의 문인인 수모재는 효행참봉(孝行參奉)이었다. 그이가 증호조참의(贈戶曹參議)인 사윤(思潤)을 낳으셨다. 고조부인 춘덕(春德)은 증호조참판(贈戶曹參判)이시였다. 증조부의 휘는 정룡(廷龍)이시고 조부의 휘는 운묵(雲默), 호는 지암(芝庵)이시다. 아버님은 휘가 재범(在範), 어머님은 창녕 성(成)씨 갑규(甲圭)의 딸이시다.

부군(府君)께서는 1908년 무신(戊申) 9월 10일에 경북 청도군 이서면 수야리의 집에서 출생하시였다. 어려서부터 벌써 글자를 즐기시어 백부이신 후강공(後岡公)에게서 공부를 하시였다. 뛰어나게 총명하고 지혜로워 문의(文義)가 날로 진보하여 문중의 어른들께서는 모두 원대한 기대를 두었다고 한다. 성장하여 보성학원에 들어가서 졸업하셨다. 드디어 심재 조긍섭 선생께서 4자(四子) 6경(六經)을 전수받았었다. 아침저녁으로 곁에 모시면서 의문되는 것이 있으면 제 때에 질문하곤 하시였다. 아주 미세한 것이라도 해석해내지 못하는 것이 없었으니 모르는 것은 알아내어 꼭 당신의 것으로 만들고야 말았다. 이것으로써 『사서류집(四書類集)』, 『삼경수록(三經隨錄)』을 찬술하게 되었다. 그때에 나라 안의 덕행(德行)이 아주 훌륭하신 문학 지사들이 각자 자신의 극진한 바를 상하가 강의 연구 토론하여 그 들음을 실행하고 애써 가슴깊이 새겨두는 데는 아무도 부군보다 앞서는 이가 없었다고 한다. 이에 또 청산 권상익, 공산 송준필, 순재 김재화, 회봉 하겸진 같은 여러 공들을 좇아 유람하면서 서로 질문을 하고 받았는데 장려와 찬사를 많이 받았었다. 이에 『이전』(『彝傳』) 한편을 저술하시였다. 『이전』이 세상에 발행됨에 어떤 이는 《그것은 순수한 유술(儒術)이 아니》라고 논의하였으며 어떤 이는 「외설(外說)에서 인용한 것이니 잡채」라고 웃기도 하였다. 간혹 깊은 조예와 독특한 소득에 탄복한다고 하면서 크게 추중(推重)하는 이도 있었다. 그러나 부군께서는 이것으로 하여 있다 없다 하지 않고 때로는 심의(深衣) 박대(博帶)를 하고 편안하게 시골길을 넘나들면서 남의 시비를 아랑곳 하지 않고 유일하게 자강(自强)에 집념하셨다. 그 후로는 사처로 두루 유람하시면서 사도(斯道)를 당신의 소임으로 하고 대전에서 이현산(李玄山)을 만났고 서울에서 노숙(老宿)한 여러 유학자들을 방문하였었다. 이윽고 명교(名教)학원에 들어가서 여섯 달을 지나서 사우(士友)들은 모두 따를 수 없다고 인정하였었다 한다. 나의 생각에 한말(韓末) 유학자들은 모두 옛 전적만을 지키고 세상 변천에 따르지 못하면서 스스로 뜻이 고상하고 절개를 지킨다고 하였으나 부군께서는 이렇지 않으셨다. 학문이란 동서를 겸비하고 교육은 고금을 정통해야 한다고 여기시었다. 그리하여 향리에 문화당을 세우고 당규(堂規)를 만들고 과업(科業)을 정함으로써 후진들을 약간 명 길러내었다. 즉 족인(族人)으로서 맹현(孟鉉), 병현(炳鉉), 영동(永東) 및 이병일(李秉馹), 이병하(李秉河) 등 여러 사람들이다. 부군께서는 경의(經義)에서의 소득이 있었는가 하면 나아가서 문(文),사(史),백가((百家)의 설도 모두 그 근원을 탐구하고 그 유파를 분석하여 서로 어울러서 다 갖추기도 하였었다.『해동춘추』,『반도서경』과 더불어 대저『동서양현세론』(『東西洋現勢論』),『문경상초』(『文卿常草』),『야사』(『野史』) 등 그 논술의 유형이 일치되지 않는 것은 아마도 이런 까닭이었을 것이다.

그리고 특히 역사류에 왕왕 비분강개한 말들이 있는 것은 그 뜻이 망국(亡國), 유예(遺裔)들의 공통적인 원한이라 할 것이다. 비록 그렇기는 해도 도(道)는 사람을 멀리하지 않고 학문은 족속의 다름이 없다고 하였으니 드디어 번연(幡然)히 바다를 건너 일본 동경에 가시였다. 이송학사(二松學舍)의 산전준(山田準)학장의 접대를 받게 되시었다. 산전씨는 당시 일본학계의 원로였다. 보자마자 만남이 늦었다고 감탄하면서 원근의 학자들을 불러들이어 함께 사진도 찍고 시도 짓기까지 하시였다. 기대하고 사랑함이 더욱 두터워져 마침내 그 학사의 전문학교에 들어가 수업하라고 권하시었다. 일 년이 못되여 병환으로 돌아오셔서 끝내 일어나지 못하시었다.『동경유기』(『東京遊記』)라고 있는데 미처 정초(定草)하지 못한 채 병으로 작고하시였다.

오호라! 하늘은 부군에게 어찌 전자엔 그렇게도 돈후하셨고 후자엔 그렇게도 야박하시였을까? 내 엎드려 생각해보니 부군의 품성은 강의하고 단정엄숙하시어 뜻이 정해질 것 같으면 일을 꼭 성사시키시고야 마는 것이였다.「스스로 반문해보고 올바르다고만 하면 비록 천만 리이라도 내가 간다.」고 하는 기상을 지니고 계시였다.『이전』이 출판 발행되자 사인(士人)들의 논의는 일치하지 않았다. 외람 된다고 기소하는 이가 있는가 하면 또 그의 특유한 높은 재예를 찬양하는 이도 있었다. 그러나 부군께서는 두어두고 돌보지도 아니하셨다. 이것이 그 예이다. 관혼상제(冠婚喪祭)거나 집안을 다스리는 절의는 일률로 주문공(朱文公)의 가례(家禮)에 따랐다. 혹 어기는 사람이 있게 되면 조금도 용서하지 않으셨다 한다. 부군께서는 1940년 경진 4월 15일 침상에서 졸하시었는데 향년 서른셋이었고 분묘는 명동 중산곡 경(庚)좌에 자리 잡고 있다. 원배(原配)는 재령 이씨 재호씨의 딸이다. 아들 둘에 딸 하나를 길렀었다. 아들로서 맏이는 불초 영석(永錫)이고 버금으로 영희(永禧)이며 딸은 영락(永樂)인데 이동수(李東秀)에게 시집갔다. 영석의 아들로는 환, 단, 강이 있고 딸 주는 임문혁에게 시집갔으며 옥은 황종환에게 시집갔다. 영희의 딸은 수연(秀娟)이다. 이(李)의 아들은 광득과 성호가 있다.

오호라! 부군께서 돌아가실 적에 불초는 겨우 아홉 살이었다. 오직 왕고부군(王考府君, 할아버님)께서 보호하고 애무해 주시고 이끌고 교도해 주시는 데서 의방(義方)을 조금이나마 알게 되었다. 그리고 홀로 계시는 어머님께서는 이에 의지하여 성장하기까지 이르게 되었다. 그런즉 부군의 의용과 목소리는 방불하게도 알 수가 없으니만큼 하물며 다른 일이야 더 말할 나위 없다. 다행히 모친께서 전전긍긍 일념으로 부군의 건상(巾箱)을 지켜오셨기로 문고(文稿) 내지 서간, 만제, 편장, 척구에 이르기까지 하나도 이지러지거나 잃어지는 일이 없도록 하시였다. 일찍이 서재에 불이 났을 때에 위험을 무릅쓰고 구해냈기로 타서 재가 되고 마는 화를 면할 수 있었다. 그리고 나라에 동란이 있은 즈음에도 가장집물의 다소는 돌보지 않으시고 오직 이 원고들의 완전 확보만을 염려하시였다. 이로 말미암아 손때가 묻은 책이 아직까지 남아있어 불초배로 하여금 그것들을 읽고 그의 만분의 일이라도 엿볼 수 있게 해주시였다. 또한 어머님께서 말씀하시기를 「우리 도(道), 주(洲)에서는 선유(先儒)이신 탁영 김일손 선생 같은 이는 천수가 끝나지 않았는데 지금 너희들 아버님은 요서를 면하지 못하였으니 우리 주의 운기(運氣)가 그렇게 만든 것인지도 모르겠다. 나는 이 고장에 미련이 없다. 앞으로 너희들과 함께 서울이 아니면 안동 같은 곳에 옮겨 가서 살면 좋을 상 싶다.」라고 하시였다. 이는 실로 남에게 알리고 싶지 않았던 것이었으나 어머님께서는 평소에 통탄한 원한이었기로 그것을 언급했을 뿐이다.

대저 부군께서 어린 소년시절의 일은 곧 종숙인 기현(紀鉉)옹께서 부군보다 열 살 우였으며 함께 드나 들었기에 그이한테서 그 큰 줄거리만이라도 받아들을 수 있었던 것이다. 심재선생을 따른 그 후의 일은 부군의 지우(摯友)이신 조우인(曺于人: 조규철)옹 외에 여러 공들한테서 들은 것이 많다고 할 것이다. 명교학원에서의 전후 사실은 대구에 사시는 이수락(李壽洛)옹께서 불초에게 아주 상세하게 말씀해 주신 것이다. 오호라! 부군께서 돌아가시기 전에 훗날 문고의 출판에 대한 일을 여러 번 종숙 기현옹에게 부탁하셨던 것이다. 이 때문에 옹께서 불초에게 「빨리 도모하도록 하게, 나도 세상에 오래 있지 못할 것이다. 만일 문고의 간행을 보지 못한다면 장차 무슨 낯으로 지하에서 만나볼 수 있겠는가?」라고 하시였다. 명을 듣고 나니 송구스럽고 죄를 벗어나려 해도 갈 곳이 없다. 부군의 저작 논술 기타 잡지를 한데 묶어 『중산전서』라고 찌를 붙이여 이제 곧 부인하게 된다. 삼가 이상과 같이 말을 엮었다. 군자들께서 채증(採證)하는 말씀이 있을 것은 공순하게 서서 기다린다.

5

어머니 이병기

어머니 이병기의 일생 *

어머니, 나는 어머니가 병환으로 누워 계셔서 여러 차례 서울에 다녀갔습니다. 그때마다 어머니와 정다운 이야기를 나누었습니다. 추석이 가까워서 다녀갔을 때 모녀간에 나눈 이야기가 엄마와의 마지막 대화가 되어 버릴 줄은 몰랐습니다. 추석을 쇠고 바로 어머니를 만나기 위하여 천리길을 마다않고 서울로 또다시 올라왔지만 엄마는 저 귀여운 딸과는 거의 대화를 하실 수 없었고 너무 몸이 아파 신음소리 조차 내시지 못하셨습니다. 육체의 고통으로 이제 삶을 체념하신 것처럼 보였습니다. 나는 엄마 곁에 며칠 있다가 시골 가을 추수가 밀려 있어서 마음이 무거웠지만 다시 고향으로 내려가게 되었습니다. 광득이 아범은 얼마나 후한 사람인지 내가 엄마 곁에 있기

* 1999년 1월 18일, 100일 탈상을 맞아 〈어머니 이병기의 영전에 고합니다〉 제목으로 어머니의 일생을 회고하면서 딸 박영락과 아들 박영석이 함께 쓴 글이다. 딸 박영락을 중심으로 서술되어 있다.

위해 서울로 다니는 것을 항상 이해해 주었습니다.

시골로 내려온 지 며칠 되지 않아 전화로 어머니가 돌아가셨다는 부음을 들었을 때 하늘이 무너지는 듯 했습니다. 바로 이서방과 함께 서울로 올라 왔고 살던 집도 아닌 서울 강남삼성병원으로 달려갔습니다. 그리고 어머니의 빈소에서 통곡하였습니다. 빈소에는 어머니의 영정이 시골의 제상차림과 같이 유교식으로 차려졌습니다. 동생인 영석과 영희, 그리고 친정 동생댁들에게 그 동안의 경과를 듣게 되어 다음과 같이 알게 되었습니다.

양력 10월 12일, 음력 8월 22일, 저녁 8시 30분경 운명하셨고, 운명 즉시 여러 병원을 알아보고자 하였는데 마침 첫 번째 연락한 강남삼성병원에 빈소방이 있다고 하여 그곳으로 결정하게 되었다고 합니다. 그러자 바로 병원에서 유해운반을 위해 차가 도착하였다고 합니다. 그리고 장례 절차로서 장례일의 선택이 급선무였습니다. 동생 영희가 아는 풍수인 박태규씨에게 연락하여 장례일을 간택하였는데 3일장인 10월 14일이 길일이라고 하였습니다. 실제 3일장이라고 하지만 돌아가신 날 12일은 이미 한 두 시간 밖에 남지 않았기 때문에 13일 하루뿐이고 14일은 아침에 발인하여 장례식을 거행해야 하기 때문

박영석의 누나 박영락과 어머니

에 너무 촉박하였습니다. 그래서 가족끼리 상의하였는데 좋은 날이라고 하니 촉박하기는 하나 어찌 할 수 없이 3일장으로 거행하기로 결론을 내렸습니다. 너무나 촉박하여 섭섭하기가 이루 말할 수 없는 심정이었습니다. 또한 급한 것은 부고를 남에게 연락할 일과 신문사에 부고를 내야하는 일이었습니다. 시간이 촉박하였으나 신문사 부고문제는 장손인 환이가 연락하여 잘 처리하였습니다. 그러나 가족으로서 어머니가 운명하신지 한두 시간 내에 유해를 병원으로 옮기는 것이 너무나 섭섭하였고 자식으로서 도리가 아니라고 생각하였습니다. 이는 말할 수 없는 큰 슬픔이었고 이런 불효자가 어디 있을까 싶은 참담한 심정이었습니다. 곧바로 병원에서 차가 와서 어머니의 유해가 문을 나섰을 때 하늘도 무심치 않게 구슬픈 비가 내렸습니다. 그 비는 자식을 생각하며 떠나는 어머니의 애달픈 눈물이고, 부모를 떠나보내는 자식의 애절한 눈물이라고 여겨졌습니다. 이것이 인생이며 인생이 얼마나 허무한가를 느꼈습니다. 어머니를 태운 차는 차창을 비눈물로 가린 채 무심하게 병원으로 달려갔습니다. 병원에 도착하자 사망에 대한 의사의 검증이 있었습니다. 검증이 끝난 후에 어머니를 영안실에 안치하고 우리는 정해진 빈소방에 도

박영석의 어머니 이병기

착하여 빈소를 차렸던 것입니다. 이렇게 나는 그동안의 경과를 우리 형제들에게 들었습니다.

이틀날 문상 오는 손님을 맞이하고 오후 4시경 염을 하게 되었습니다. 관도 좋은 것으로 마련하였고 명정에는 『유인재령이병기지구(孺人載寧李秉琦之柩)』라고 동생 영석이 직접 써서 염하고 입관하였습니다. 이 장소에는 시골 현풍 숙부와 엄마의 자손들과 인척들이 모여 마지막 떠나는 어머님의 유해를 지켜보았습니다. 먼저 돌아가신 아버지의 옷과 어머니가 원했던 것을 모두 관속에 넣어 드리면서 모두들 어머님의 명복을 빌었습니다.

나는 우리 어머니가 우리 삼남매와 사위 이서방, 그리고 며느리와 사랑하는 손자, 외손자, 손부 모두를 이 세상에 남겨 두고 이제 극락으로 떠나셨구나! 라고 생각하였습니다. 너무나 슬프고 말 못하게 가슴이 뭉클거렸습니다. 이 세상에 모든 것은 잊어버리고 엄마가 극락인 저 세상에서 먼저 가 계시는 남편인 아버지를 보고 싶었을 것이고 또한 할아버지, 할머니, 시숙 윗동서, 큰어머니와 어머니를 평생 걱정하시던 친정부모와 외삼촌, 그리고 자매와 같은 친구였던 마을 사람들, 또한 누구보다도 어린 딸 영화를 보고 기뻐하셨을 것이라고 생각합니다. 당신께서는 아버지께서 생전에 옷을 많이 걱정하셨다고 말씀하셨습니다. 얼마나 옷에 대한 생각이 간절하셨기에 꿈속에 보였겠습니까? 이제 어머니께서 꿈에서 보셨다는 그 옷도 관속에 넣어 가셨으니 아버지께 새 옷으로 갈아 입혀드리고는 얼마나 기뻤겠습니까? 어머니, 나의 동생인 영석과 영희는 아버지가 남긴 유고를 정리하여 『중산전서』를 상·하권으로 간행하여 이 세상에 내놓았습니다. 또 가장 소중히 여겨 간행한 『이전』도 번역하였고 『중산 박장현연구』라는 연구서도 간행하였습니다. 이를 바탕으로 중국과 일본, 그리고 국내 학자들이 아버지의 역사의식과 사상을 연구하고 있습니다. 아버지의 비문도 세웠고 산소도 나름대로 우리 삼남매와 며느리들이 잘 정리하였습니다.

평소 당신께서 우리들에게 말씀하시길, 내가 죽어 저 하늘나라 극락에 가서 너희 아버지를 만나 '당신은 이 세상에서 무엇을 하고 왔는가' 라고 아버지께서 물으신다면 당신께서는 떳떳하게 다음과 같이 말씀하시겠다고 하였습니다. '나는 자식에 대한 교육을 다하였고 당신 삼남매와 사위, 며느리들이 노력하여 당신이 일생을 두고 공부한 유고를 정리하였다'라고. 그래서 어머니는 저 세상으로 가는 날이 되면 걱정하지 않고 모든 것을 안심하고 이 세상을 하직할 수 있다고 자신 있게 말씀하시곤 하셨습니다.

나는 맏딸이고 또한 같은 여자이기 때문에 누구보다도 어머니의 일생을 더 잘 알고 있습니다. 어머니께서는 그래도 홍선의 어느 정도 여유 있는 가정에서 태어나 엄격한 부모 밑에서 자랐고 수야 박씨 가문에 시집와서 학자인 남편을 만나 초기에는 남이 부러워하는 가정에서 시집살이를 하였습니다. 그러나 불행하게도 남편을 일찍 여의고 어린 삼남매를 기르셨습니다. 그때가 바로 소위 대동아전쟁이 발발하기 한 해 전인 1940년이었고 우리나라는 아직도 일제의 식민통치하에 있었습니다. 더욱이 연이어 흉년이 들어 말할 수 없는 고통의 시기였습니다. 남편 없는 가정이란 고통과 고독은 말할 수도 없었고 농사도 제대로 되지 않아 고생은 형용할 수 없었습니다. 토지는 있어도 경작을 할 수가 없었고 누구하나 제대로 도와주는 사람이 없어 어머니의 고독과 서러움, 그리고 가정형편의 곤란은 말할 수 없었습니다. 그러다 소위 대동아전쟁에서 일본이 항복하여 연합군의 승리로 해방을 맞이하였습니다.

우리가 어렸을 때 어려운 살림살이로 인하여 방에 불조차 제대로 때지 못하였습니다. 그럼에도 불구하고 그 추운 방에서 우리 삼남매를 한 이불 밑에 놓고 당신께서는 「조웅전」이라든가 「우미인가」를 들려주셨고, 또 역사정신을 구현한 「탁영 김일손선생」, 재령이씨의 「갈암 이현일선생」, 그리고 선비정신과 「이퇴계선생」 등을 말씀하시면서 우리도 인물이 많이 배출된 안동으로 이사 가야겠다면서 당신의 포부를 말씀하시곤 하셨습니다. 왜냐하면 우리 집터가 과거 수야의 만석부자인 박참봉이 살던 터인데 이들 후손이 풍지박산이 되어 불상사가 있었던 흉터라고 지적하시고, 또한 우리 고을 출신인 탁영 김일손도 사화를 만나 35세로 요절하였을 뿐만 아니라 본군의 청도는 걸출한 인물이 배출되지 않았기 때문에 안동이나 서울로 이사하는 것이 어머니의 뜻이었습니다. 평소 맹모삼천교(孟母三遷敎)라는 교훈에서 맹자의 어머니도 자식 교육을 위해서 세 번이나 이사를 갔다는 것을 명심한 것으로 보였습니다. 이것이 어머니의 한이기도 하였습니다.

또한 어머니는 어릴 때 갈암 이현일 선생을 자주 말씀하셨습니다. 우리가 커서 갈암선생을 알아보니 어머니 성씨인 재령 이씨 문중에서 대표적인 훌륭한 인물이며 경북 영양군 석보출신이었습니다. 어머니는 친정아버지에게 갈암선생에 대해 너무 많이 들었기 때문에 어머니가 남편에게 갈암선생이 누구인가를 물었더니 당신의 방계중시조에 해당되시는 선조라고 말씀하시어 갈암 이현일선생을 비로서 어머니께서 처음 내력을 알게 되었다고 하셨습니다.

어머니는 청도가 박씨의 대성이고 그에 비하면 재령 이씨는 같은 시기에 청도에 들어왔지만 그 수가 너무나 상대적으로 적어 평소 외로움을 느꼈다고 말씀하시면서 재령 이씨가 대문중을 이루고 사는 곳은 경남의 함안과 경북의 영해라고 자랑하셨습니다. 그리고 함안과 영해에 재령 이씨 일가가 가장 많이 사는 곳에 한번 가보기를 희망하셨습니다. 그리하여 동생 영석이가 어머니를 모시고 지금부터 거의 십년 전에 비행기로 경북 예천 비행장을 경유하여 지난 1933년 아버지가 선비들을 만나 학담하였던 곳인 안동으로 갔습니다. 도산 서원의 이퇴계선생이 있던 곳이며 하회 유성룡대감의 마을이며 학봉 김성일의 종가댁에서의 견문과 접대를 받았다고 하셨습니다. 그리고 그리워하고 가보고자 하셨던 갈암 이현일 선생이 살았던 재령이씨의 옛 마을에도 가셨습니다. 그날은 나의 동생 영석이 비문을 쓴 갈암 이현일의 모친 안동 장씨의 비를 세우는 큰 행사가 있던 날이었습니다. 석보 주의의 재령 이씨 뿐만 아니라 유림인사들 몇 백 명이 모여 행사를 성대히 거행하였습니다. 이때 나의 동생이 안동 장씨의 비문도 지었지만 그날 안동 장씨에 대한 강연도 하였습니다. 안동 장씨가 낳은 아들들은 벼슬도 하고 큰 학자로 자랐고 본인의 글씨와 학문도 대단하여 어떤 이는 율곡 이이를 낳은 신사임당보다도 더 훌륭했다는 말도 하였다. 그날 그리워하고 한번 가보고자 하였던 재령이씨가 모인 곳에 더구나 같은 여성으로서 더구나 갈암을 낳은 안동 장씨의 비를 세우는데 아들인 영석이 비문을 쓰고 참석하여 자신을 재령이씨의 외손이라고 강연한 것을 들으며 우리 어머니는 그날 한없이 기뻐하셨다는 것을 동생 영석에게서 들었습니다. 동생 영석 내외가 어머니를 모시고 간 것이 더욱 자랑스러웠습니다.

그리고 우리 어머니는 아버지의 글을 소중히 여겼고 학문이 얼마나 훌륭하고 좋은 것인가를 알고 계셨습니다. 그것은 외조부님에게 어릴 때 유교적인 교육과 좋은 말씀을 들었고 아버지와의 대화에서 감명을 받았고, 또한 대구의 김병훈 어머니인 김정이 아주머니 등 교양이 높은 이들에게 아버지가 돌아가신 후에 위로의 말씀 중에 학문을 한 후손은 양반이 된다는 것도 우리 어머니에게 영향이 컸다고 스스로 말씀하셨습니다. 그런 유교적인 소양에서 아버지의 유고와 남겨진 엽서 한 장까지도 우리 어머니는 버리지 않고 오늘까지 보관하여 자식에게 전해주었기 때문에 학문적인 학맥이 전수될 수 있었습니다. 추운 겨울의 긴나긴 밤에 한 이불 밑에서 희망을 잃지 않으신 강인한 어머니의 의지가 오늘 우리를 있게 한 것이라고 믿고 있습니다. 어머니가 말씀하신 것을 일일이 모두 듣지 못하지만 남의 수모와 멸시를 강한 의지로 이겨 나가셨고, 하늘이 무너져도 솟아날 구멍이 있다는 옛 격언과 한 여자의 의지와 정신은 강하다는 평소 사람들이 하는 말이 우리 어머니를 두고 한 말처럼 생각될 정도였습니다.

아버지가 돌아가신 1940년에 나는 14세, 동생 영석은 9세, 영희는 5세였습니다. 나에게는 또 여동생이 있었는데 그 애는 1938년 어린 나이로 저

따북따북 따북네야
너울면서 어데가니
내어머니 무든곳에
젓먹으로 나는가네
물깁허서 못간단다
山산 놉하서 못간단다
물깁흐면 헤염처가고
山산 놉흐면 기어가지
가지줄게 가지마라
문배줄게 가지마라
가지실타 문배실타
내어머니 젓을내라
내어머니 무덤압헤
단낭참외 열럿기로
한기따서 맛을보니
내어머니 젓맛일세

박장현이 부인 이병기에게 적어준 <따북네야>

세상으로 먼저 갔습니다. 아버지가 돌아가신 그 때 어머니는 35세인 젊은 여자였습니다. 어머니는 아버지를 여의고 혼자 58년을 보냈습니다. 그리고 홍선에서 수야로 시집을 온 지 벌써 73년이 되었고, 서울에서만도 근 40년을 사셨습니다.

아버지가 돌아가시고 소위 대동아전쟁시기 일제는 전쟁인력이 모자라서 여자정신대라는 명목으로 한국 농촌의 처녀들을 강제 징용했습니다. 그 당시 이를 모면하기 위해 누구 할 것 없이 조혼을 단행하였습니다. 그 때 어머니는 저를 조혼시키게 되었는데 때마침 좋은 사람을 만나 오늘날까지 행복하게 살고 있습니다. 나의 동생들도 풍각 자형이 없으면 못살 정도로 자형을 좋아하였습니다. 물론 형제도 적어 외로웠고 자형도 평소 정이 많아 잘 돌보아주었기 때문이기도 합니다.

일본이 결국 패망하고 우리나라는 해방이 되어 한민족의 기쁨은 말할 수 없었으나 미군정 하에 자주 독립을 이루지는 못하였고 해방정국은 혼란한 가운데 특히 좌익과 우익의 투쟁이 극심하여 농촌에서는 살기가 힘들었습니다. 그런 와중에도 도시로 이사 가는 사람들이 많았습니다. 더구나 이러한 혼란 속에서 1950년 북으로부터 남침을 받아 6·25전쟁이 일어났습니다. 그리하여 동생 영석과 남편은 군에 가게 되었고 영희는 학교에 들어가게 되었습니다. 동생 영석이 군대에서 한 번 휴가를 왔다 가는데 마을 앞 냇가에서 떠나는 동생을 보고 어머니는 눈물을 흘리셨습니다. 동생 말에 의하면, 우리 어머니가 눈물을 흘린 것은 소작료를 내지 않는 소작인에게 호소하면서 눈물을 흘리신 것과 그때 두 차례 보았다고 합니다. 이렇게 우리 어머니는 강한 여성이셨습니다.

나는 아버지가 돌아가시고 빈소에서 항상 우리 동생 영백(박영석의 아명)과 영도(박영희의 아명)가 잘되기를 아버지께 빌었습니다. 우리 어머니의 어려웠던 일화는 한 두 가지가 아닙니다. 일생을 살아온 것이 형극의 길이었으나, 나의 동생들과 동생댁 들이 지극히 어머니를 잘 모셔준 덕택으로 우리 어머니는 초년에는 고생을 많이 하셨지만 그래도 여생을 편안히 잘 보냈다고 생각합니다. 어머니도 그렇게 생각하시고 항상 기뻐하셨습니다. 동생 영석과 영희, 그리고 자손 모두가 정성껏 어머니를 잘 모신 일화는 한두 가지가 아니어서 이루다 말 할 수 없습니다. 이에 우리 어머니도 마음깊이 흡족해 하셨던 것 같았습니다.

우리 어머니는 평소 강직한 성품이고 불의를 보면 참지 못하고 남의 재산을 보고 탐내지 않고 남을 도와주고 싶은 마음이 많아 여성으로서는 대인다운 풍모가 있었습니다. 그리고 만사를 나의 딸과 아들에게 소망을 걸고 긍정적으로 사셨습니다. 그리고 아들, 딸과 자손, 특히 사위와 외손들을 소중히 여기고 모두 사랑하셨고 정이 많고 인자하며 근엄한 어머니셨습니다. 이제 어머님은 이 세상에서 다시 볼 수 없고 물러 보아도 대답 없으신 분이 되었습니다. 어머니를 향한 그리운 마음과 생전에 다 못한 효도에 대한 회한으로 가슴이 메어집니다. 엄니, 극락에서 먼저 가신 아버지와 가족들을 만나 평안히 계실 것을 생각하며 그립고 슬픈 마음을 달래봅니다.

1998년 10월 14일은 어머님의 장례일이었습니다. 아침 9시경 발인식을 치르고 장지로 향하였습니다. 그날도 어머님을 떠나보낸 슬픔이 비로 내리고 있었습니다. 장지까지 가는 길은 다소 애로가 있었으나 그래도 여러분의 정성으로 잘 진행되었습니다. 장지는 10여 년 전에 동생 영희가 형인 영석과 상의하여 묘소를 마련하였고 이미 가묘를 만들어 어느 정도 정비를 잘 해두었습니다. 어머니께서도 생존에 직접 묘터에 가보시고 만족해 하셨습니다. 저도 몇 차례 가보고 정리도 하였습니다. 시골 현풍 숙부(박영석의 작은 아버지 박노현-엮은이) 뿐 아니라 모두들 명산이라고 기뻐하셨습니다. 어머니께서 생전에 그곳에 약수터가 있으니 약물을 떠먹게 컵을 하나 가져다 놓으라고 하신 대로 갖다 놓았습니다. 모두가 장지에 모여 어머님께서 극락으로 가시는 것을 보고 명복을 빌고 장례식을 무사히 마쳤습니다.

오늘은 100일은 맞아 어머니의 탈상을 하니 눈물이 앞을 가리며 또 다시 말할 수 없는 슬픔과 그리움이 복받쳐 오릅니다. 우리 어머니는 이 세상에 와서 초년 고생을 하셨지만, 그래도 자손들이 번성하고 모두 잘되어 있고 건강하고 행복하오니 걱정 마시고 극락에서 먼저 가 계신 아버지와 가족들과 행복하게 지내시기를 우리 모두는 기원합니다. 거듭 말씀드리지만 우리 모두의 후손들이 건강하게 잘 살 수 있도록 돌보아 주시기를 부탁드리고 어머님과 아버님의 명복을 길이 빕니다. 이 자리에는 어머니가 특별히 사랑하고 귀여워 하시던 금촌의 구릉 외아저씨와 여러분들이 함께 하고 있습니다.

어머니 생전의 가르침 *

내가 어려서 크게 깨달은 것은 우리 가정의 학풍과 유고들에 관한 것이었다. 선고께서는 33세의 젊으신 연세에 세상을 뜨셨지만 생애에 비하여 많은 유고를 남기셨고, 그 유고의 대부분은 뒷날 출판할 수 있도록 비교적 잘 정리하여 두셨으며, 그 일부만 미정리 상태로 남아 있을 뿐이다. 그 저술 가운데 가장 먼저 간행된 것이 『이전』이었다.

나는 워낙 부족한 탓에 선고께서 세상을 뜨신지 40년이 지나도록 이러한 유고들을 손을 대지 못했지만 그동안 우리 어머니께서는 수차례의 이사와 그 6.25전쟁 통에서도 편지 한 장도 버리지 않고 소중하게 보관해 오셨다. 이러한 어머님의 정성에 감동하여 늦게나마 우리 3남매가 힘을 합하여 그 유고들을 우선적으로 『중산전서』라 이름을 붙여 2권의 책으로 묶어냈다.

그러나 이런 정도로서 어머님의 정성에 대한 자식들의 보답으로 자족할 수가 없었다. 어머님께서는 선고보다 연세가 두해 위다. 지난 날들을 돌이켜보면, 1940년 선고를 여의신 후 홀로 되신 지가 너무도 긴 세월이 흘렀다. 그럼에도 불구하고 어린 남매를 기르시느라 온갖 고생을 다하시면서도 한 번도 당신의 지아비를 원망하신 일이 없으시며, 오히려 선고의 그 위대한 학덕을 높이 평가하시면서 항상 자녀들로 하여금 본받도록 일깨워주시곤 했다. 그 뿐만 아니라 언젠가 저세상에 가면 반드시 선고를 만날 것이라고 믿고 계시면서 "저승에서 너의 아버지를 만나면 일생을 저술로 보낸 그

---

* 박영석이 선친의 유고인 『이전』을 번역, 간행하면서 쓴 후기의 일부이다.

유고를 어떻게 했느냐고 물었을 때 무엇으로 당당히 대답할 수 있겠느냐?"고 걱정을 하실 때는 자식된 도리로 감히 고개를 들 수 없는 일이었다.

이에 나는 선고에 대한 어머님의 정성에 만분의 일이라도 보답하고파 이번에 다시 이 『이전』의 번역을 서두르게 된 것이다. 이 『이전』을 번역함으로써 선고께서 남기신 글을 어머니께서 직접 읽으셔서 선고의 그 높으신 뜻을 쉽게 이해하시고 그 기쁨을 자손들과 함께 하시도록 하기 위함이었다. 아울러 이 글이 세상에 나오면 학문하는 분들에게 다소나마 도움이 되었으면 싶은 뜻도 담겨있다.

박영석의 동생이자 후원자였던 박영희

6

조부 박재범에 대한 자료*

박재범 관련 기록과 증언

박재범(朴在範,1879-1957)은 경북 청도군 이서면에서 출생하였다. 부인은 창녕 성씨(1881-1942) 성부곡, 성갑규(成甲奎)의 딸**, 감실댁으로 호칭되었다. 4남 2녀를 두었으며, 아들은 수현(壽鉉, 1905-1942), 장현(章鉉, 1908-1940), 인현(仁鉉), 노현(魯鉉) 등이다. 수현은 1942년에, 장현은 1940년에 요절하였다, 수현과 장현은 모두 큰아버지 박재시(朴在時, -1939)의 도움으로 경남 창녕 심재(深齋) 조긍섭(曺兢燮)의 문하에서 한학을 공부하였다. 이들이 공부할 당시 조긍섭은 달성군 가창면 정대리에 와서 한학을 가르치고 있었다.***

박재범의 형은 박재시, 동생은 박재곤(朴在坤)이다. 박재시는 『청도문헌고』(1940년 간행)의 첫 서문을 쓸 정도로 문한이 있었고, 성주의 송준필(宋浚

* 이글은 박환, 「1930년대 경북 청도군 농부, 박재범 자료」, 『숭실사학』 46, 2021을 일부 수정하여 수록한 것이다.

** 『밀양박씨 소고공파 족보』, 1978.

*** 달성군 가창면 정대리에 2007년 11월에 세운 鼎山書堂遺墟碑(조긍섭기념비)가 서있다.

박영석의 조부 박재범과 형제들(왼쪽부터 박재범, 박재시, 박재곤)

弼), 창녕의 조긍섭과 교유할 정도로 문한이 있었다. 문집으로는 『후강문집(後岡文集)』이* 있다.

서울로 유학간 박장현이 백부 박재시에게 올린 글이 있다.

〈백부(박재시-엮은이주)에게 올리는 글〉

집을 떠난 지 한 달이 되어가니 절절한 그리움이 한결 더하고 있는데 어제 내려 주신 편지를 읽고 귀체 만강하시고 유쾌하시며 만사가 무사하시다는 것을 알게 되어 안심하는 바입니다. 조카는 먹고 자는 것은 전과 같으나 부모님을 떠난 지 오래되어 자못 답답하지만 어쩌겠습니까?

편지에서 하신 말씀에 어찌 탄복하지 않을 수 있겠습니까? 원래부터 약한

* 서문은 于人 曺奎喆이 썼다.

몸에배운 게 없었는데 갑자기 번화한 곳으로 발걸음을 옮긴 것이 마땅한가 하는 이점도 생각은 해보았습니다. 그러나 이것은 본래부터 가지고 있었던 만큼 사사로이 찬 겨울에 서있는 소나무에 스스로 비기면서 훗날 동지섣달의 설한 풍속에 우뚝 서있겠다고 마음먹었습니다.

우리 서원의 강학 규정은 대개 고대의 서원을 참조하고 있습니다. 지금 학교에서는 순전히 성인의 경서를 강의하고 이 도를 밝히는 것을 위주로 하고 시, 서, 역, 춘추, 예기, 사자(四子)의 책을 윤번으로 강의하고 토론하면서 성공하고 自立하기를 기대하고 있습니다. 이 세상에 이런 교육이 있다는 것은 사실 우연한 것이 아닙니다.

강의하는 스승들은 전부 호령(湖嶺) 일대의 유명한 선비들이고 25명의 동창들도 모두 저보다 훌륭한 사람들입니다. 스스로 어리석다고 생각하지만 채색으로 얼룩진 대열에 들어선 지 어느덧 180여 일이 되어가고 있습니다. 그렇게 되어 전의 고루한 습관이 적지 않게 사라졌으니 어찌 다행한 일이 아니겠습니까? 혹 이번 걸음을 나무라는 사람이 있기는 하지만 어리석음을 깨우쳐 주는 것이 어렵지 않다고 생각하며 걱정하지 않습니다. 다만 두려운 것은 정예하고 심각한 학설에 뚫고 들어서지 못하고 원대한 소임을 떠메지 못할까 하는 그것입니다. 거처와 음식 등은 본 서원에서 주선하여 주기에 아주 훌륭하고 다른 어려운 점은 없습니다. 그리고 책과 종이와 연필들도 모두 서원에서 내어 줍니다. 이렇게 말씀 올리니 너그럽게 생각하시고 다른 걱정은 하지 않아도 될 것입니다. 다른 내용은 따로 상세하게 적어 올리겠습니다. 이만 적으며 많은 가르침을 바라 마지 않습니다

아울러 박장현은 백부 박재시가 사망하자 다음과 같은 제문을 남겼다.

〈백부 후강공 제문〉

기묘년(1939년) 여름 4월 18일은 우리 백부 후강공의 기상(朞祥)일이다. 조카 장현이 일본으로 관광을 떠나 이미 바다를 건넌지 수개월이 되었지만 아직 귀국하지 못하였고 기상일이 가까이 오게 되자 더욱 아픔 마음을 달래지 못하여 운이 없는 글월 몇 줄을 지어 형님 수현에게 올리며 영연(靈筵)에 술 한 잔을 올리고 대신하여 아뢰게 합니다.

오호라, 순수하고 참된 학문에 삼가고 엄숙하신 행실은 우리 가문의 山斗이시고 우리 종친의 종장(宗匠)이셨사옵니다. 백부께서 태어나시고 백부께서 세상을 하직함으로 하여 우리 가문과 종친들은 영광으로 느꼈고 가슴이 말라들었습니다. 세상을 뜬 데 대한 아픔은 종친들의 다 같은 마음을 지니고 있사옵니다. 소자를 보더라도 다 슬픔 마음을 지니고 있는 것은 마찬가지입니다만 또 사사로운 아픔도 있사옵니다. 소자는 어려서부터 업을 전수 받았는데 자그마한 성취가 있다고 하면 그것은 공께서 주신 의로운 힘이 많았기 때문이옵니다. 오늘날의 아픔은 어찌 부친 같고 자식 같다고 하여서만 그칠 수 있겠사옵니까? 작년에 병석에 계실 때 장현도 건강하지 못하였는데 공께서는 자기 몸은 걱정하지 않으시고 소자의 병을 걱정하시며 "조심하게나. 자네의 몸은 가볍지 않은 것이다. 크면 이 도에, 작으면 우리 종친의 가르침에 관계된다."라고 말씀하셨사옵니다. 노력하라는 뜻을 임종 때까지도 놓지 않았사옵니다.

오호, 가슴이 아파옵니다. 이전 정축년(1937년)에 일본으로 떠나는 저를 바래주시며 서문에서 "에도(江戶)에 문학을 하는 선비들이 많은데 우찌다엔꼬(內田遠湖), 야마다 세이사이(山田濟齋) 등은 성리학을 배워 관통하였고 인품도 높으니 자네는 응당 비평을 받아들이고 아래위에서 의론을 논하여야 하네. 또 많은 인물, 아름다운 산천, 훌륭한 풍속들을 느끼는 대로 적어 늙고 어두운 나의 눈을 뜨게 해주어야 하네."라고 말씀하시었사옵니다.

오호라, 지금 장현은 시킨 말씀대로 처사하고 있는데 공께서는 이미 황천으로 내려가서 글월을 닦고 계시옵니다. 세 번 다시 서언을 읽으니 슬픔을 더욱 걷잡을 수 없게 되옵니다. 소자에게 아무리 기행록이 있다고 하더라도 공께서 어찌 보아주실 수 있겠사옵니까? 소자가 비록 귀국한다고 하더라도 평소의 얼굴에 인사할 수 있겠사옵니까? 오호 애재라, 음향 하시옵소서.

그러나 동생인 박재범은 배움이 없는 농사꾼이었다. 아들인 박장현은 아버지의 회갑에 다음과 같이 언급하고 있다.

〈사(辭)○아버님 장수를 읊네(壽親賦)〉

기묘년(1939년) 계춘(季春) 20일은 저의 아버님이 예순 한 해를 맞이하는 생신날이다. 공자가 말한 바 있다. 부모님의 연세를 알지 못하면 되지 않는다. 한 면으로는 마음에 기뻐서이고 한 면으로는 두려워서이다. 두려운 것을 가슴속에 새겨두면 되겠지만 기쁜 것은 겉으로 드러내야 할 것이다. 이에 약간의 술과 안주를 장만하여 친척들과 옛 친구들을 모셔다가 하루의 경사를 빛내려고 했다. 소자의 마음도 더없이 기쁘다. 이에 단어를 골라 몇 글자로 축사를 올리는 바이다.

우리 아버님이 탄생하신 날은 청나라 광서 기묘일이라네.
호시(弧矢)*를 대문에 걸어 놓고 대장부의 탄생을 헤아렸다네.
어려서부터 영특하고 준수하셔 사람마다 그 아름다운 자질을 칭찬하였네.
아, 기린의 자취였으니 조상께서 사랑해 주시었네.
그때의 우리 집은 빈한하여 몸소 농사하시며 제힘으로 먹고 살았네.
우리 아버님의 어린 시절은 글을 익히자고 해도 될 수 있었던 세월인가.
산에 가 섶단 묶고 돌아와선 농사하면서
몸져누운 부모님 효성스레 봉양했고 먹고살기 위하여 갖은 고생 다 맛을 보셨네
궁색한 살림이지만 공을 쌓았으니 무일無逸을 본받은 것이 아니련가.
전원이 풍부함이 있게 되었네. 우리 형제들이 태어날 때에는 도가 있어 글 공부를 시켰네
평생에 못 배운 것이 한스러운 듯 불초자를 더욱 가르치셨네.

---

* 지난날 남자아이가 태어나면 처마에 활과 살을 걸어 두었다.

부모님의 마음을 제 마음으로 삼았으니 어찌 감히 노력하지 않았으랴?
밤낮으로 언제야 자그마하게라도 성공하여 우리 부모님의 평생 뜻에 맞출 수 있으랴.
해와 달이 쉼 없이 흘러가기에 부모님의 연세는 회갑이 되네.
외뿔소 잔으로 장수를 비오나니 기쁨과 두려움을 어찌 견딜 수 있을까.
평생의 행실 자취를 간략해 써서 불초자들의 본보기로 삼고자 하오네.
마음이 어질고 언제나 후하였고 말씀이 무겁고 나무람이 적었으며
화기롭게 남을 대하고 남의 풍에 놀지 않았으며
일에서는 자세하고 너그럽고 스스로 덕을 받들며 재물을 아끼지 않았었네.
일상생활에서의 행동은 구구히 하는 법이 없었고 암암리에서는 성현의 가르치심을 따랐었네.
세상의 선비들이 많이 알고 있었고 실천을 강구한 적이 어찌 드물었을까.
이웃에서 우리 아버님을 아는 사람들 가운데 누가 그의 어지고 착함을 칭송하지 않았을까?
『역경』에서는 "자취를 보고 상서로움을 고찰할 수 있다"고 하시고
『서경』에서는 "착한 일을 하면 복을 내린다."고 하시었네.
우리 아버님이 걸어오신 자취를 보면 정녕 천명이 보우하신 것이니
장수하시며 건강하옵고 인간 세상의 복을 많이 받으시옵소서.
봉인封人의 세 가지 축원을 요임금이 어찌 마다하시었을까?
대죽처럼 꿋꿋하고 솔처럼 무성하시며
달처럼 항구하시고 해처럼 영원히 솟아 계시옵소서.
우리 부모님의 장수를 축하하오니 남산처럼 장수하시옵소서.

박재범은 처음에는 가난하였으나, 나중에는 200석을 하였다. 박장현이 살았던 초가집과 동생 박인현이 살었던 기와집도 박재범이 마련해 주었다고 한다.* 문서에 있는 토지문서로 볼 때 이서면 학산리, 수야리, 각계리 등에

* 박재범의 손부(박영석의 부인) 김외태의 증언.

토지를 소유하고 있었다. 그러나 풍각금융조합에 대출금도 자신과 더불어 동생인 박재곤*, 아들인 박수현, 박장현의 명의로도 있다. 박재범에게는 대출금 미상환으로 독촉장이 오기도 하였다.

박재범은 형 박재시를 따라 의동계(義同稧, 1929)에 유사로서 참여하였다. 의동계는 문중계와 친목계의 절충 형태로서 1929년부터 1940년까지 지속되었는데, 계원들 각자가 협력하여 조상 제사를 모시기 위해 지속적인 물적 기반을 마련하기 위해 수계한 것이다. 절목(節目)에는 1) 매 사람마다 각각 11양(兩)씩 내서 거두어 모을 것, 2) 같은 마음으로 상의하고 애써 일하여 이룰 것, 3) 계전(稧錢)은 추원향화(追遠香火, 조상을 추모하는 제사)를 돕는 데 쓸 것, 4) 전(錢) 44냥을 거두어 모으면 유사는 빌려주어 빚을 놓을 것 등이 기록되었다. 좌목(座目)에는 박재시, 박재범, 김경배(박재시의 사위), 박재곤 등이 적혀 있으며, 최초의 유사 박재범이 담당하였다. 1930년 1월의 유사는 박재범의 동생 박재곤이며, 1931년 유사는 박재시의 아들 박기현이며, 1932년 유사는 박재범의 아들 박수현이고, 1933년 유사는 박문현이며, 1934년 유사는 박기현이고, 1935년 유사는 박수현이며, 1936년 유사는 박기현이고, 1937년 유사는 박기현이다. 수입은 한 사람당 11냥씩, 모두 44냥을 모은 것을 기금으로 삼고 빚을 놓는 식리를 통해 수입을 추가하여 각자 조상을 추모하는 제사를 준비하는 데 쓴 것이다. 제사를 모시는 물적 기반을 공동으로 부담함으로써 친족적 결속력을 강화하는 형태로 보인다.**

---

* 살기 어려워 만주로 갔다고 한다. 박재범의 손부(박영석의 부인) 김외태의 증언.

** 박종천, 「19-20C 청도 밀양박씨의 향약과 계」, 『종교와 문화』34, 2018, 서울대학교 종교문화연구소, 122-123쪽.

박재범은 4명의 아들 중 장자와 차남인 박수현과 박장현을 일찍 잃었다. 그러나 그는 1956년 사망하기 전 해인 1955년 박장현의 장남 박영석의 결혼식을 보았다, 그때 사진이 현재에도 남아있다.

박재범에 관한 자료

박재범은 학자가 아니다, 그는 일제시대를 살아간 평범한 시골 농민이다. 그가 남긴 자료들은 그 시대를 살아간 농촌의 사람들이 일상적으로 겪는 일들과 관련된 것들일 것이다. 그가 사는 청도군 이서면 수야리 주변에는 기관으로는 이서면사무소, 청도경찰관주재소, 이서경찰관주재소, 청도군농회, 풍각금융조합, 도주학교 등이 주된 기관이었다. 삶의 현장에는 문중, 이웃과의 회갑, 혼인, 부고 등이 있었다. 그러므로 박재범의 자료는 1930년대를 바라볼 수 있는 또 하나의 역사의 창이다.

박영석의 조부 박재범

그럼에도 불구하고 그동안 우리는 일제시대의 거시적 담론에 치우친 나머지 미시적 관점에서 제대로 바라보지 못한 것 같다. 일제하의 농촌을 바라보더라도 일본측 관변 자료를 중심으로 연구해 왔던 것이다. 이제는 바로 우리의 자료로서 일제시대 우리 조상들의 삶의 모습을 구체적으로 재현할 시기가 된 것이 아닌가 한다. 이러한 관점에서 박재범 자료는 소중한 것이라고 할 수 있다. 특히 박재범은 식민지를 살아갔던 청년 역사학도 박장현의 아버지라는 측면에서 더욱 중요한 의미를 갖는다고 볼 수 있다. 박장현이란 인물의 성장과 관련된 사회경제적 배경을 이해할 수 있는 기초적인 토대가 될 수 있기 때문이다.

① 재산 관련 자료

박재범 자료를 통해서 일차적으로 짐작해 볼 수 있는 것은 재산 정도이다. 문건에 따르면, 박재범은 이서면 학산동, 각계동, 수야동 등지에 그와 더불어 아들 박수현, 박장현, 박인현 등의 이름으로 토지를 소유하고 있는 것으로 되어 있다. 다만 막내 아들 박노현의 기록은 없다. 집안에 전해 내려오는 이야기로는 박재범은 초창기에는 가난하였으나, 1930년대에는 노력하여 어느 정도의 재산을 이루었다고 한다. 토지의 위치 중 이서면 소재지인 학산동은 주목된다. 가격이 좀 나갈 것으로 보이기 때문이다. 수야리, 각계리는 박재범의 집이 있는 곳이다.

〈박재범 일가 토지목록〉

인명: 박재범, 박수현, 박장현, 박인현
주소지: 각계동, 수야동, 학산동

〈박재범 토지소유문서〉

수신: 청도군 이서면 학산동 박순화

발신: 통신사무, 부산저축관리소

위임장: 박재범이 이서면 학산동 사범서사 박국현(朴國鉉)에게 좌기 부동산 에 관한 등기 일체 행위를 위임함

등기의 목적: 소유권 보존

청도군 이서면 각계리 250번지 밭 620평.

〈토지매매계약증〉

1939년 4월 2일

이서면 매도인 박영주, 증인 박득이.

② 경제생활 관련 자료

경제적인 측면에서, 박재범은 주소지인 이서면 금융조합이 아니라 풍각 금융조합을 이용하고 있다. 아마도 당시 이서면 금융조합이 존재하지 않았을 가능성도 크다. 풍각의 경우 청도군 서부지역에서 가장 발달한 지역이기 때문이다. 박재범은 풍각금융조합에서 주로 대출을 받았고, 현재 이들 대출금영수증이 여러 건 남아 있다. 대출독촉장 또한 있어 흥미롭다. 이들 자료들은 1935년, 1939년, 1940년 것들이다. 풍각금융조합은 1929년 12월 11일 설립되었으며, 1931년 당시 자본금은 10,000원, 적립금은 5,000원이었다. 사장/대표는 박성곤(朴性坤)이고, 중역은 서영일(西英一)이었다.*

금융조합은 1930~40년대에는 대체로 3~4개면에 하나 꼴로 설립되었다.(1개 군에 3~4개) 그리하여 청도군에는 모두 3개의 금융조합(청도, 동창, 풍각)이 설립된 것으로 알려지고 있다.

청도금융조합은, 청도군 대성면 고수동 소재로 1911년 7월 13일 설립

* 『朝鮮銀行會社組合要錄』(1931년판), 東亞經濟時報社

되었다. 당시는 청도군 일원이었지만, 1919년 동창(東倉)금융조합 설립에 따라 운문, 매전, 서천, 종도의 4개면을 분양하고, 다시 1929년에는 풍각금융조합의 설립과 함께 풍각, 각북, 각남, 이서면의 일부를 분양하여 대성, 화양, 이서(5개동)의 3개면이다. 조합장은 허석, 김채하, 강위환, 김명옥, 박영재 등이 서로 이었고, 이사도 송미원조, 산전항남, 전중여사랑, 시천안지진, 평본헌을 이어 수전독이 담당하였다. 직원은 황원주, 그흥관, 문병두, 엄인섭, 송본원태랑이다. 조합원수는 2,300명, 조합장은 박영재(후에 대성면장), 이사는 수전도독(1930년 척식대학을 나와 바로 이사 견습이 되었고, 10월에 옥산금융조합 이사가 되어 1935년 8월에 현직에 전임)으로 기재되어 있다.

풍각금융조합은, 청도군 풍각면 송서동 소재로 1930년 12월 10일 설립되었다. 업무구역은 풍각 외 2면 및 이서면 중 11개 동. 주민의 생활상태는 조금 안정되어 조합원 중 가장 다수를 점한 자작 겸 소작 및 소작농도 부업인 양잠 및 가마니 제조에 따라 다소의 수업을 얻고 점차 자작농으로 나아가고 있다. 조합장은 박성곤, 박한기 양씨가 차례로 그 직에 있었고, 이사는 西英一, 보목국사, 고송청지 등이며 직원은 장우암, 하복동, 박원병, 윤삼룡, 구자준이다. 조합원수는 2,097명, 조합장은 박한기(1919년 3월 이후 풍각면 서기, 1928년 3월 풍각면장, 1935년 8월 금융조합장. 1890년생), 이사는 고송청지(경성법학전문학교 출신, 1928년 10월 이사 견습이 되어 경성, 목포, 황해도 신천, 대구 등 각지에서 근무, 1936년 10월 5일 풍각금융조합 이사. 1913년생)로 기재되어 있다.*

박재범의 거래 자료로 남아 있는 것은 풍각금융조합에서 받은 내역 증서들로 다음과 같다.

---

* 藤澤清次郎 著, 『朝鮮金融組合と人物』, 大陸民友社, 昭和12(1937)

〈비료수령증서〉

수신: 풍각금융조합

1939년 1월 15일

조합원 박재범

〈차용금증서〉

수신: 풍각금융조합

차용자 박재범

보증인: 박기현(박재범의 형인 박재시의 아들임-엮은이주)

〈1939년 12월 8일 수입이식(收入利息)영수증〉

박재곤(박재범의 동생-엮은이주)

〈1939년 12월 8일 수입이식영수증〉

박재곤

〈1939년 12월 8일 대출금영수증〉

박재곤, 농사개량자금단기대부금

〈1939년 12월 8일 대출금영수증〉

박재곤, 풍각금융조합

〈1939년 12월 8일 대출금영수증〉

풍각금융조합, 박장현

〈1940년 대출금영수증〉

박재범

〈1940년 2월 19일 대출금영수증〉

박재범

〈1940년 2월 19일 대출금영수증〉

박재범 단기담보대부금

〈1939년 12월 8일 수입이식영수증〉

박재범

〈1939년 12월 8일 수입이식영수증〉

박장현

〈1935년 대부금 독촉장〉

발신 풍각금융조합
수신: 박재범

③ 세금 관련 자료

박재범의 자료 중 가장 주목되는 것 가운데 하나는 세금에 관한 것들이다. 지금이나 옛날이나 세금은 농민들에게 가장 큰 부담이 아니었을까 생각된다. 소득금액결정통지서, 개인소득세, 재해지 지세면제신청서 등이 그것이다.

〈소화10년(1935년)분 제3종 소득금액결정통지서 배부의 건〉

일시: 1935년 7월 21일
발신: 이서면사무소 이서면장 예기해(芮璣海)
수신: 박장현
형태 편지봉투
내용- 소화10년분 제3종 소득금액결정통지서 배부의 건

〈재해지(災害地) 지세면제신청서〉

수신: 대구세무서장

1938년 9월 20일

이서 수야 475번지 지적, 1785평, 지가 4284원. 피해월일 6월 12일-8월 28일.

소유자: (일본) 福岡市

발신: 청도 이서면장

〈대구세무서장이 발송한 문서〉

시기: 1936년 3월

개인소득세

제2종소득세

④ 생업 관련 자료

한편 이서면 수리계 서류도 남아 있어 당시 관산보(觀山洑)를 이용하고 있었음도 짐작해 볼 수 있다. 아울러 잠업관련도 있다. 이를 통하여 주된 생업이 농업과 잠업 등인 것으로 짐작해 볼 수 있을 것 같다. 또한 농업 및 기타 광고 자료들도 주목된다.

〈청도군 이서면 觀山洑 수리계(계장 예기해) 계비납입고지서 및 영수증〉

수신: 1934년 수야 박수현

〈1936년 청도누에 우편엽서〉

발신 청도 누에 아버지 木谷重次郎

수신: 박재범

〈박수현(박재범의 장자-엮은이주)에게 온 잠업공동판매전표〉

발신: 청도군농회

수신: 박수현

일시: 10월 4일

주소: 이서면 수야

〈산동농원(山東農園) 안내문(업무용 서류)〉 봉투 외 2장

수신: 박재범

발신: 만주국 안동현 산동농원

내용: 안내문(국학문혼용)1점 . 영수증 1점

〈이서면 수야동 박재범〉 봉투 포함 3장

1938년 10월

발신: 경북무진주식회사 취체역 사장 서창규

청도군 대성면 고수동 594번지 청도대리점 점주 三村民助

〈인삼광고문〉

발신: 조선 개성부 임가삼업(林家蔘業)부 본점

수신: 박재범

광고문. 2점 우편엽서 1점.

⑤ 사회생활 관련 자료

다음으로는 박재범의 사회생활과 관련된 것들이다. 일차적으로 문중일을 들 수 있을 것이다. 그러나 박재범은 둘째아들이었음으로 시대적인 상황을 고려해 볼 때, 보조적인 입장이었을 것으로 보인다. 큰 아들 박재시가 중심적인 역할을 하였을 것이다. 박재범의 집과 인접해 있는 경남 밀양군 밀양읍에 밀성박씨대장군 박씨 종약소가 있었기 때문에 여러 통지문들이 전해졌을 것이다. 현재 추향, 밀성박씨대장군사(密城朴氏大將軍祠) 건축소 등에 관한 통지문이 남아 있다. 비용을 보태라는 내용들인 것이다. 아울러 청도군 이서면 지역의 박씨 문중인 용강회에서 온 통문도 있다.

아울러 회갑, 부고 알림, 청도군지 편찬 서류들도 있다. 그중 특별히 주

목되는 청도군지 편찬이다. 군지 편찬에 박재범의 형 박재시가 중심적인 역할을 한 것으로 보이기 때문이다.

〈대장군사 추향(大將軍祠 秋享)〉

1938년 11월 5일자
수신: 박재범
발신: 경남 밀양군 밀양읍 밀성박씨대장군 박씨 종약소
내용:

〈통지문〉 1, 2

발신: 密城朴氏大將軍祠 건축소
수신: 박재범

〈용강회 통문〉

1935년 5월 23일
박재시 이름 있음

〈화양면 토평동 남씨 회갑 초대장〉

병자년(1936년) 7월 7일
수신: 이서면 수양동 박재범씨

〈부고〉 편지봉투

수신: 박생원 부곡댁(박재범-엮은이주)座前
발신: 송정 손(孫)생가부고
시기: 무인(1938년) 5월 23일 朴龍浩 배상

〈부고– 박노갑〉 우편엽서

수신: 이서면 수야동 박생원 부곡댁
발신: 풍각면 박한기
시기: 무인년(1938년) 윤 7월 23일

〈부고-이성기(李性基)〉 편지봉투

수신: 박생원 부곡댁 좌전
발신: 홍선 이생가 부고
시기: 1938년 7월 초 4일

〈부고〉

수신: 수야 박생원 송정댁 좌전
발신: 신안(新安) 박생가 부고
일시: 기묘(1939년) 6월 朴秘坤 배상

〈청도군지 편찬 통문〉

1935년 3월

〈청도군지 편찬 통문〉

1936년 5월

〈청도군지 편찬 통문〉

1936년 7월

⑥ 관공서 관련 서류

다음으로는 박재범이 살고 있는 이서면을 관할하고 있는 관공서들에서 온 서류들이이다. 대표적으로 이서면사무소에서 온 것들이다. 기성회일자 변경의 건, 1937년 잠업간담회 개최의 건, 미곡통제조합 총대총선거, 임업계(林業係) 출두 통지서 등이다.

〈기성회일자 변경의 건〉

발신 청도군 이서면사무소
수신: 박재범

〈1937년 잠업 간담회 개최의 건〉

발신 청도군 이서면사무소
수신: 박재범

〈1936년 10월 31일 미곡통제조합 총대총선거〉

발신: 이서면사무소
수신: 수야동 박재범

〈임업계 출두통지서〉

발신: 이서면사무소
수신 박재범

⑦ 기타

마지막으로 박재범 앞으로 온 복권, 편지봉투, 박재범의 3남 박인현의 혼인서류, 1938년 청도군 사립 도주학원 선생이 학교를 떠나며 학부형들에게 보낸 편지 등도 있으며, 박재범의 장자 박수현과 3남 박인현이 수신자로 되어있는 자료도 남아 있다.

〈복상권(福箱券)〉 봉투

〈복상인환권(福箱引換券)〉 봉투 2점

〈박재범 편지봉투〉

〈혼인서류〉

박재범의 3남 박인현의 혼인서류

〈1938년 청도군 사립 도주학원 선생이 학교를 떠나며 학부형들에게 보낸 편지〉

발신: 청도군사립 도주학원 김선갑(金先甲)

수신자: 각 학부형 귀하

일시 1938년 10월 7일

내용: 가을 은 깁어가는데. 3년근무.

〈잠업공동판매전표〉

발신: 청도군농회

수신: 박수현

일시: 10월4일

주소: 이서면 수야

〈김천 금릉인쇄소에 있는 박장현에게 보낸 편지〉

발신: 박수현

〈부고〉

수신: 수야 박생원 송정댁 좌전

발신: 신안(新安) 박생가 부고

일시 기묘(1939년) 6월 박비곤(朴秘坤) 배상

〈엽서〉

발신: 일본 오사카 문희태

수신: 박인현

내용: 안부 편지

〈근하신년 엽서〉

발신: 대구시 남산동 반승만

수신: 박인현

〈책 광고문〉

광고문에 있는 낙서의 작성자 박인현은 박장현의 바로 밑 동생.

7

선친, 자존의 역사학자 박장현

요절한 청년 역사학자 박장현 *

박장현은 경상북도 청도 출신. 본관은 밀양. 자는 문경(文卿), 호는 중산(中山), 아버지는 재범(在範)이며, 어머니는 창녕 성씨(昌寧成氏)이다.

소년시절 고향의 보성학원(普成學院)에서 신학문을 배웠고, 18세인 1925년부터 조긍섭(曺兢燮)의 문하에서 도학(道學)에 정진하였다. 청년시절 송준필(宋浚弼)·하겸진(河謙鎭) 등 당시의 명망 있는 유학자들을 방문했으며, 경기도 시흥(始興)의 녹동서원(鹿洞書院)에서 열린 학술 강습회에 참여한 이후 유교적 이상국가 재건에 깊은 관심을 가지게 되었다. 그

심의복을 입은 박장현(동래에서 촬영)

* 금장태 외, 『중산 박장현 연구』, 민족문화사, 1994.

리하여 뜻 있는 전국의 유생들과 중국의 공교주의자들과 교류하였다.

1939년 일본으로 건너가 한문학을 주로 하는 이송학사 전문학교(二松學舍專門學校)에 유학하면서 양명학자 야마다(山田準)와 주자학자 우찌다(內田周平) 등 당시 일본 유학계의 석학들과 교류했다.

박장현은 유교적 이상국가의 재건을 위하여 유교경전의 보급과 재해석, 그리고 한국민의 정체성을 올바로 전하기 위하여 한국사 저술에 매진하였다. 아울러 유교경전과 한국사의 대중화를 위하여 한글화를 주장하며, 역사에 있어서도 유교와 관련된 내용과 임금과 궁중의 이야기가 아닌 야사를 중요시 하였으며, 단순한 사실 나열이 아닌 정신이 살아있는 역사서술을 강조하였다.

박장현은 경학을 재구성함으로써 유교의 재정립과 민족사의 재인식을 모색하였다. 경학의 방법으로서 익숙하게 읽고, 정밀하게 생각하고, 얻은 바를 기록하고, 살펴서 반성하는 4단계를 제시하였으며, 경전의 주석은 누구나 의심난 점과 깨달은 점을 기록함으로써 발전할 수 있음을 강조하였다. 특히 『논어』와 『맹자』의 경전본문을 해체하여 주제별로 분류·편집했던 것은 새로운 업적이다. 그의 이러한 작업은 유교의 대중화를 효율적으로 추진하기 위한 그의 고육책이었다고 평가할 수 있다.

또한 그는 사학을 국민의 밝은 거울이자 사상이 진보하는 원천이라 파악했다. 그리고 우리나라의 경우, 사실만 알고 민중과 시대의 이상을 모르며 정부만 있고 백성이 없는 역사를 서술한 것은 사학의 정신이 결여된 데서 파생되었다고 지적하였다. 이에 그는 『해동춘추』와 『반도서경』을 편찬하여 춘추필법과 서경 체제에 따라 경학과 사학을 일치시켜 단군조선부터 대한제국까지의 민족사를 경전으로 끌어올렸다. 특히 그가 대한제국사를 쓰면서 일제에 항거한 여러 지사들의 이야기에 비중을 둔 것은 박장현의 민족사적 관점을 크게 부각시킨 것이라 할 수 있다. 이러한 역사책들이 쓰인 것이 1937년 중일전쟁이후 전시체제이었음이 더욱 주목된다.

박장현은 유교의 재건립을 위해 안순환(安淳煥)이 세운 조선유교회에 깊은 관심을 보였고, 중국 공교회의 진환장(陳煥章) 등과 연락하였으며, 유교가 희망·열성·지혜·담력을 지니고 자존의식을 고취해야 함을 역설하였다.

그는 세계의 지리와 정세에도 관심을 보였다. 특히 탈레스·아리스토텔레스에서 데카르트·칸트를 거쳐 마르크스·레닌에 이르기까지의 서양철학사상을 유교 이념과 연관시켜 해석하거나 비판적으로 규정하며 동서철학 비교연구를 수행하고, 서구 문화를 비판적으로 섭취함으로써 유교 문화의 보편적 세계성을 재확인하고자 하였다.

박장현 연보 *

1908년 무신 9월 10일 경북 청도군 이서면 수야리 댁에서 출생

8세 1914년 갑인년에 향리에서 백부 후강공 박재시로부터 글을 배움.

14세 1921년 신유년에 향리의 사립보성학원(행정서당) 보통과에 입학.

18세 1925년 을축년에 보성학원 보통과 졸업.
심재 조긍섭 선생 문하에 들어가 수학함(달성군 가창 정대).

19세 1926년 병인년에 수학.

20세 1927년 정묘년에 수학.

* 박영석, 박환, 『국역중산전서』, 선인, 2014.

21세 1928년 무진년에 수학. 딸 영락 출생.

22세 1929년 기사년에 수학.

23세 1930년 경오년에 수학.

24세 1931년 신미년에 수학. 큰 집으로부터 분가.

25세 1932년 임신년에 『삼경수록』 3권 찬술. 공산 송준필과 순재 김재화를 방문. 아들 영석 출생.

26세 1933년 계유년 2월에 서울행차를 함. 대전에서 이현산을 방문하고 서울에 올라가 노숙(老宿) 제유(諸儒)들을 방문. 4월에 명교학원(시흥 녹동서원)에 입학. 9월에 필업. 10월에 창녕, 창원, 마산, 함안, 진주, 현풍 등지를 돌아서 11월에 집에 돌아옴.

27세 1934년 갑술년 4월에 대구, 군위, 의성, 안동, 영주, 예천, 상주, 김천, 왜관 등지를 두루 유람하고 달이 차서 집에 돌아옴. 딸 영화 출생.

28세 1935년 을해년에 『이전』 저술 간행.

29세 1936년 병자년에 『해동춘추』 및 『사서(四書)유집』 저술을 끝냄.

30세 1937년 정축년에『해동춘추 서문』『동서양현세론 서문』 및 『문경필첩(文卿筆帖)』 『야사(野史)』 등 편찬을 끝냄. 고향마을에 문화당을 세우고 당규를 만들고 과업(科業)을 정하여 족인들인 맹현(孟鉉), 병현(炳鉉), 영동(永東) 및 이병일(李秉馹) 이병하(李秉河) 등 여러 사람들을 가르침. 아들 영희 출생.

31세 1938년 무인년에 『반도서경(半島書經)』과 『경장첩(瓊章帖)』 편찬.

32세 1939년 기묘년 2월에 일본에 건너가 동경에 이르렀음. 학계의 여러 명사들과 더불어 사진을 찍고 시를 읊음. 이송학사 산전준 학장의 권유로 이송학사 전문학교에 입학. 『문경상초 시문록(文卿常草 詩文錄)』 다섯권, 『서독(書牘)』 세권 저술을 끝냄. 11월에 병으로 이송학사 전문학교를 그만두고 귀국.

33세 1940년 경진년 4월 15일에 병으로 졸몰.

박장현문집: 『중산전서』*

영남 유학자 박장현의 저작 전집. 중산전서간행위원회에서 1983년 박장현의 글을 모아 간행. 내용의 대부분은 필사본이다. 1983년 박장현의 아들 박영석이 유고를 전부 모아 편집하고, 책머리에 이가원(李家源)의 서문과 정재각(鄭在覺)의 해제를 붙이고 박기현(朴紀鉉)의 「가전(家傳)」과 박영석의 「유사(遺事)」를 뒤에 붙여서, 상·하 2책으로 보경문화사에서 영인·간행하였다. 그뒤 이 책은 2014년 박영석과 그의 아들 박환에 의해 『국역중산전서』로 도서출판 선인에서 총 8권으로 출판되었다.

박장현은 28세의 젊은 나이에 유교적 이상적인 인물이 갖추어야 할 자세를 밝힌 수신서 『이전(彛傳)』을 활자본으로 간행하였다. 당시 젊은 나이에 책을 간행한 점, 인쇄본으로 간행한 점, 책자에 사진을 넣은 점 등이 세간의 화제가 되기도 하였다. 특히 젊은이의 책자간행에 대하여 이전의 서문을 작성한 대유학자 송준필은 일정한 충고를 하기도 하였다. 이전은 식지(植志)·치경(致敬)·경학(講學)·명세(明世) 등 9부문으로 학문의 이념과 실천방법에 관한 통찰과 격언을 제시하고 있다. 박장현의 유교 부활에 대한 강한 애착과 유교적 이상적 인간의 양성의 중요성과 필요성을 느껴 볼 수 있는 책이다.

경학에 관한 저술로서 『삼경수록(三經隨錄)』은 「독시수기(讀詩隨記)」·「독서수기(讀書隨記)」·「주역혹문(周易或問)」으로 이루어져 있다. 『경학독본(經學讀本)』은 구상 단계의 목차만 보여주고 있으나, 『논어』와 『맹자』는 경전 본문을 주

* 『중산 박장현 연구』(금장태 외, 민족문화사, 1994)와 한국민족문화대백과사전, 〈중산전서〉 참조.

제별로 분류하였다. 이는 학생들에게 유교경전을 잘 이해할 수 있도록 하기 위함이었다.

『논어유집(論語類集)』은 효·인·학·지·행·예·악·교·도와 위정(爲政)·논인(論人)·군자·제자·출처(出處)·제왕의 15주제로 분류하고, 공자의 행상을 첨부하였다. 『맹자유집(孟子類集)』은 왕정·민족·정벌·학술·출처·성현·잡저의 7주제로 분류한 새로운 시도이다.

『해동춘추』 47권과 『반도서경』 12권은 단군조선부터 대한제국까지의 우리 역사를 춘추필법과 서경의 체제에 맞추어 경전으로 편찬한 저술이다. 우리의 민족사를 경전화하고 유교 경전을 민족화하는 독창적 인식을 보여준다. 『동국사안(東國史案)』과 『조선역대사약초(朝鮮歷代史略抄)』는 시대사의 서술이다. 『야사(野史)』는 역대의 민속과 민간 설화를 수집한 것이다. 일제에 의해 우리의 역사와 한글이 말살되던 1930년대 후반에 우리 역사를 이처럼 방대하고 다양하게 저술한 것은 큰 의미가 있다고 하겠다.

『동서현세론』은 저자의 국제정세에 대한 열린 관심을 보여주는 것이며, 『고금시문수록』·『어록해(語錄解)』·『백가어(百家語)』는 고금의 시문과 명언을 수집하여 해석한 저술이다. 이들 저술들은 나름대로의 의미는 있으나 박장현이 집필 과정에서 참고자료로서 주로 활용하였던 것이 아닌가 한다.

『동경유기(東京遊記)』는 동경의 여행기와 당시 인물과 교유하던 기록이다. 1930년대 후반 조선의 농촌 선비가 일본을 방문하여 보고 느낀 점들을 기록한 내용들은 시선하고 훈훈하다. 개항기나 구한말, 1910-20년대 일본을 방문한 조선인들 개인이나 단체관광단들의 기행문들은 기존에 여러 편 존재한다. 그러나 유학자의 일본 방문, 일본 유학자들과의 교류와 대담 등의 내용은 별로 없는 것 같아 흥미롭다. 박장현은 서울, 경남, 안동 등 국내 각 지역을 다닌 기행기들을 기록해두고 있다.

『문경상초(文卿常草)』는 시·문록(文錄)·서독(書牘)으로 구성된 저자의 시문집이다. 문록에는 「구사학론(舊史學論)」·「세계지리설」 등이 있고, 특히 「동서철학설고증(東西哲學說考證)」은 탈레스·아리스토텔레스에서 마르크스·레닌에 이르는 서양철학사를 유교이념과 연관시켜 해석하고 있다. 특히 구사학론에는 그의 역사관이 잘 나타나 있어 특별히 관심을 끈다. 아울러 문록에는 자신이 지은 각 종 서적의 서문들이 들어 있다. 해동서경 서문, 동서현세론 서문, 동국사안 서문 등이 그러하다.

서독과 『경장수초(瓊章隨鈔)』에서는 우선 스승 조심재와의 관련 내용이 많이 등장한다. 아울러 하경초 등 심제 문하 동문 친구들, 이유립 등 명교학원 동기생과의 편지, 백부 및 동생 인현 등 집안 분들과의 편지, 산전준, 내전주평 등 일본학자들과의 편지, 진환장, 하성길 등 중국공교학자들과의 편지 등 다양하다. 그중 특별히 주목되는 것은 박장현의 해동춘추, 논어유집 등 다양한 서적의 집필 과정을 잘 살펴볼 수 있다는 점이다. 송준필, 하겸진과의 편지에서는 박장현이 자신의 책을 저술하는 과정에서 얼마나 많은 자문과 논의과정을 거쳤는지를 짐작해 볼 수 있다. 아울러 한국사자료의 부족을 안타까워하는 애타는 심정을 서술하고 있다. 서독에는 윤용구, 안순환, 박연조, 송기식 등 여러분들과의 편지들이 있어 녹동서원, 조선유교회, 명교학원 등을 이해하는데 큰 도움을 주고 있다. 안순환과의 편지내용에서는 유교의 재건과 대중화를 위한 젊은 유학자의 강한 기개를 보여주고 있다. 서독과 경장수초 부분은 인간 박장현을 이해하는데 가장 소중한 자료로 평가된다. 그런데 그동안 이 부분이 가장 등한시되었던 것 같다.

박장현은 자신의 모든 저서를 한문으로 작성하였다. 그러나 그는 우리 글로 작성하여야 됨을 잊지 않았다. 그는 우리 문자의 중요성을 인식하고 우리문자로서 그가 남긴 중산전서와 유교의 모든 경전과 글들이 작성해야 됨을 강조하였다. 그러나 그의 이러한 인식은 그가 요절함으로써 실현되지 못하고 인식으로만 끝나는 한계를 보이고 있다.

박장현 저서들

8

박장현의 역사의식*

역사의식의 형성-조긍섭, 송준필, 하겸진, 송기식의 영향

박장현은 역사, 경학, 문학 등 다양한 분야에 저서를 남겼다. 그러나 그의 대표적인 저술은 역사학이 아닌가 한다. 역사학에 대하여 가장 방대한 저술을 남겼으며, 그가 설립한 문화학당에서도 특별히 역사학을 중점적으로 강의하고자 하였던 것이다. 박장현은 〈문민공 김탁영선생의 묘에 제사지내는 글〉에서도,

> 장현이 말세에 태어나서 세상과 달리 행동하면서 드러나지 않은 것을 밝히고 널리 언급하면서 스스로 우리나라의 역사정리를 자기의 사업으로 삼아 이미 죽은 소인들을 주살하고 군자들의 드러나지 않은 빛을 밝히려 하였사옵니다

라고 하여 역사정리를 자신의 업으로 삼고 있음을 보여주고 있다.

---

* 박환, 「해제」, 『국역중산전서』, 박영석 박환편, 선인, 2014에서 발췌하여 작성하였음.

박장현의 역사의식은 민족주의에 바탕을 두고 있는 것으로 보인다. 그의 역사의식은 1931년 만주사변, 1937년 중일전쟁 등 일제의 대륙침략이 더욱 치열해 지면서 더욱 강렬해진 것 같다. 그는 일제에 의하여 멸실될 위기에 처해진 우리 역사를 보존하고 젊은이들에게 알리고자 최후의 노력을 다하였던 것이다. 결국 이것이 33세에 그를 요절하게 한 원인이 아닌가 한다. 그의 강렬한 항일의지는 해동춘추 근대편에 잘 나타나 있다. 그는 국권회복을 위해 노력했던 수많은 항일지사들을 중심으로 해동춘추의 근대편을 서술해 가고 있는 것이다.

박장현의 이러한 민족주의적 역사관은 1910년대 김교헌, 박은식, 신채호 등의 민족주의 사관을 1930년대에도 계승발전시킨 것이 아닌가 한다. 1920년대 사회주의 역사관이 등장하면서, 그리고 1930년대 일제의 탄압이 더욱 노골화되면서 민족주의 정신과 사관은 점차 쇠퇴해 가고 있었다. 박장현은 바로 이러한 시기에 민족주의 사학을 부활시키고자 하였던 것이다.

박장현은 심재 조긍섭 문하에서 공부하였다. 조긍섭은 1919년 3월 「일본총독과 동포대중에게 보내는 글」의 초안을 잡다가 발각돼 17일간 구속을 당할 정도로 반일의식이 강했던 인사였다. 박장현은 조긍섭 외에 송준필, 하겸진, 송기식, 겸산 김정기 등의 영향을 많이 받았다. 박장현에게 가르침을 준 이들은 당시 민족의식이 강하였고 3.1운동 당시 유림들의 항일독립운동에 직간접으로 활동한 인물들이다. 이점은 박장현의 민족의식 성장에 큰 기여를 하였으며, 또한 해동춘추 등 우리 역사 정리의 밑거름이 된 것으로 보인다.

유교적 이상국가의 재건을 꿈꾸다

박장현은 유교국가의 재건을 꿈꾸었다. 그의 이러한 인식은 이전의 저술, 삼경수록, 논어유취, 맹자유취 등 다양한 저서에서 보이고 있다. 즉 박장현은 공교적, 유교적 민족주의 사관을 가진 역사학자라고 평가할 수 있을 것 같다.

박장현의 역사의식을 잘 살펴볼 수 있는 글은 그의 구사학론(舊史學論)이다. 그는 이글에서,

> 사학(史學)이란 국민의 밝은 거울이며 사상 진보의 원천으로서 학문에서는 결여될 수 없는 한 부분이다. 구라파민족들이 날마다 진보할 수 있은 원인을 살펴보면 사학의 공로가 근 절반을 차지한다. 그러나 우리 동방에서 움츠러들고 있는데 이것은 사학이 없었기 때문이다.

라고 하여 사학을 진보의 원천이라고 높이 평가하고 있다. 그는 우리 역사 속에서 폐단은 두가지 근원을 가지고 있다고 평가하였다.

> 그 폐단은 두 가지 근원을 가지고 있다. 하나는 사실이 있었다는 것은 알고 있었지만 이상이 있었다는 것은 알지 못하였다는 것이다.(중략) 둘째로 조정이 있다는 것은 알고 있었지만 민간이 있다는 것은 알지 못하고 있었다.

박장현은 따라서 " 사학계의 혁명이 없이는 우리 민족을 끝까지 구해낼 수 없을 것이다. 유유한 만사(萬事)가운데 이것이 제일 큰 일로 되고 있다"고 지적하고 그러므로 자신이 부득이해서 역사책을 저술하게 되었다고 하고 있다.

박장현은 역사책과 경전들을 한문으로 작성하는 한계를 보였다. 그러나 그는 〈조선 유교회 교정(教正) 안순환(安淳煥)에게 올린 답서〉에서,

> 지금의 세상을 살펴보면 지구에서 제일 너절하다는 이름을 얻고 있는 것이 베트남(安南)과 우리나라입니다. 안남은 우리 사람들이 책임질 바가 아니기에 논할 바 아니지만 우리나라를 본다면 너절하게 된 원인이 하나뿐이 아닙니다.
> 그 속에서 두드러진 것을 든다면 우리나라의 정신을 스스로 중히 여기지 못하고 남의 나라에게 빼앗긴 것입니다.
> 이른바 정신이란 무엇입니까? 바로 우리나라의 문자입니다.
> 어떠한 나라나 막론하고 그 나라의 문자가 그 나라의 정신으로 됩니다. "전"에서 "같은 문자를 사용하고 같은 윤리를 사용하며 같은 수레넓이를 사용해야 한다."라고 하였는데 이 세 가지가 같게 되면 세계도 통일할 수 있을 것입니다. 그러니 문자가 그 나라에서 중요하지 않을 수가 있겠습니까?
> 우리나라의 문자는 교묘함을 다하고 또 아주 간단하고도 쉽사리 배울 수 있어 노력하면 아무리 둔한 자라고 해도 달포면 통할 수 있게 되어 있습니다. 우리나라의 역사를 이것으로 번역한다면 사람마다 통할 수 있고 성현들의 경전을 이것으로 번역하면 누구나 다 이야기할 수 있게 됩니다. 다른 것들도 모두 이것을 본받을 수 있습니다.
> 그런데 우리나라는 수백 년을 내려오면서 자기 문자를 사용하지 않고 중국 문자를 사용하였으며 스스로 나라가 되지 않고 중국을 나라로 삼았으니 어찌 가슴 아플 일이 아닐 수 있겠습니까?
> 지금부터 우리나라 사람들이 좀 깨여 나서 늘 국문으로 역사를 번역하는 사람이 있는데 성스러운 경서에 있어서는 아직도 멸시하는 듯 하고 있습니다. 이것이 장현이 이전부터 가슴속에 품고 있는 한입니다. 지금 각하께서는 파도 세찬 세상에 태어나서 조석으로 걱정하며 한결같이 우리 도를 밝히는 것을 위주로 하고 있으며 하나같이 우리나라 백성들을 진보시키는 것을 위주로 하고 있습니다.

라고 하여 정신의 중요성을 강조하고 이는 문자에서 출발한다고 보았다. 그리고 우리가 쉽고 간단한 우리 문자를 두고 중국 글자를 사용한 것이 가슴 아프고 한이 된다고 지적하고 있다. 이를 통하여 볼 때 박장현은 자신의 책들이 한글로 번역되어 많은 대중들에게 자신의 참뜻이 전달되기를 간곡히 기원하였을 것으로 보인다.

역사의식의 실현을 위한 교육기관 설립-문화학당

1937년 중일전쟁이 발발하던 그해, 박장현은 자신의 꿈을 실현하기 위하여 교육기관의 설립을 희망하였다, 그는 학교명을 "문화"라고 지었다. 그가 설립하였던 문화학당 학규가 남아있어 그 전체적인 모습을 살필 수 있다. 이를 보면 다음과 같다.

문화학당 학규

본 학당에서는 우리 학업을 강명(講明)하고 성인의 넋을 불러 우리 학문의 일맥을 지켜가는 것을 목적으로 삼음.

본 학당의 수업기간은 3년, 3년이 지나면 자유롭게 수업할 수 있음.

학도는 15세 이상으로 조금이라도 글을 익히고 풀이할 수 있는 자여야 함.

학과목: 경학(대학, 중용, 논어, 맹자), 사학, 예학(禮學), 문학, 습자(習字), 고금상식(古今常識).

입학할 때에 신청서 및 결심서를 교부해야 함.

주소 성명

모년 모월 생

나는 이 학업을 배우고자 신청서를 낸다. 다행으로 여러 과에 들어가게 하여 준다면 비록 불민하지만 지금부터 노력하겠다.

재학결심서

나는 입학한 다음 열성스레 학습하며 자포자기 않고 이 학업에서 성공할 것을 저 하늘이 맹세한다.

성명

년 월 일

문화학당은 1937년 박장현의 집, 경북 청도군 이서면 수야동 199번지에 설립되었다. 수업기간은 3년이었고, 주로 한문수업을 하였는데, 주목되는 것은 사학이란 과목이 들어있는 점이다. 그가 역사학을 얼마나 중요시하였는지 짐작해 볼 수 있는 대목이다. 해동춘추 등 역사책들은 바로 문화학당에서 사용할 수업교재로 추정된다. 해동춘추의 범례를 통하여 이를 짐작해 볼 수 있으며, 해동춘추의 서언 역시 문화당에서 집필하고 있다." 단군기원 4270년 정축(1937년) 가을 초망유신 박장현이 문화학당에서 적는다"고 기록하고 있는 것이다.

한국 역사 개설서의 저술: 『해동춘추』

(1) 범례

박장현의 저술 가운데 가장 주목되는 것은 역사책들이다. 특히 1930년대 말 일제가 우리의 역사를 말살시키던 시점에 역사책이 저술되었다는 점에서 특별히 주목된다. 그 가운데 대표적인 것이 해동춘추이다.

박장현은 해동춘추 〈서언〉에서,

> 역사란 나라의 선악을 적어 천추만대로 길이 전해가도록 하는 것이다. 역사를 편찬하고 서술하며 붓으로 정리할 때에 만약 인품의 사악함과 정직함 그리고 어지거나 악한 것들을 붓 끝에 엄하게 담지 않는다고 한다면 군자들을 권면할 수 없게 되고 소인들을 징계할 수 없게 되며 착한 자들을 나태하게 하고 간교한 자, 아부하는 자, 알소하는 자(譺者), 방탕한 자들과 같은 무리들이 아무런 거리낌도 없이 더욱 활개를 펼 것이다. 이런 연고로 하여 공자가 노나라 역사를 정리하여 난신적자들이 두려워 할 바를 알게 하였고 주자가 강목을 서술하여 천하에 의리(義理)가 밝게 하였다. 역사란 것이 세상의 가르침에 관계되는 것이 그렇지 않은가.(중략)
> 곰곰이 생각하여 보니 사학가들은 비단 조정의 사건을 기재할 뿐만 아니라 선철선현(先哲先賢)들이 남긴 향기도 담고 있는 법이다. 그렇다면 역대의 역사를 정리하여 서리(黍離)의 회포를 서술하는 것도 가한 일이 아닌가. 이리하여 위로는 신라 승려 무극(無極)의 고기(古記)로부터 선우씨(鮮于氏)의 선왕유사기(先王遺事記), 김부식의 삼국사기, 정인지의 고려사및 조선대의 조정과 재야의 여러 사서들을 널리 수집하여 번거로운 것은 간략하게 하고 간략된 것은 상세하게 기록하며 성긴 것은 세밀하게 적고 의혹스러운 것은 빼버리면서 강목을 잡아 이미 죽은 간사하고 아유하는 자들을 주살하고 숨은 덕성의 유광(遺光)을 피어나게 하여서 포폄과 여탈의 뜻을 담아 동국강

목이라고 이름을 달았는데 무려 47권 23책이다. 편집하고 서술하며 산정할 때 이 천박함을 고려하여 감히 모든 정화를 다 수집하였기에 더는 모을 것이 없다고 장담하지는 못하겠지만 그러나 역대 정치의 득실을 서술하고 조정과 재야 인품의 옳고 그름을 정함에 있어서 그래도 스스로 거기에서는 엄하게 하려고 바랐었다. 만약 이 책이 세상에 전해갈 수 있다고 한다면 군자나 소인들에게 착한 자, 악한 자, 간교한 자, 아유하는 자, 알소하는 자, 방탕한 자들의 권선징악에 보탬이 없을 수는 없을 것이다.

단군기원 4270년 정축(1937년) 가을
초망유신 박장현이 문화학당에서 적는다.

라고 하여, 군자나 소인들에게 착한 자, 악한 자, 간교한 자, 아첨하는 자, 방탕한 자들의 권선징악에 보탬이 되기 위해서 이 글을 쓰고 있음을 보여주고 있다. 특히 여기서 주목되는 점은 단군기원을 사용하고 있는 점이다. 박장현의 민족주의적 성향을 보여주는 일사례로 보여진다.

해동춘추 집필의 범례에는 이 책의 성격이 보다 분명이 나타나고 있다. 범례에서는 단군을 개국의 기원으로 삼고 있으며, 김부식의 삼국사기에 대하여 비판적인 태도를 보이고 있다. 조선의 자주성을 강조하며, 해동춘추에서는 전쟁이나 외교보다는 유학에 관한 내용에 큰 비중을 두고 있으며, 특히 초학자들의 독본으로서 그 역할을 할 수 있도록 각별히 배려하고 있음을 알 수 있다.

박장현이 녹동서원의 스승 〈박성헌(朴惺軒)께 올리는 글〉을 보면 범례에 대한 박장현의 뜻을 이해할 수 있다.

장현은 서너 동지들과 함께 날마다 역사편찬을 업으로 삼고 있는데 그 범례는 대략 부자가 노나라 역사를 편찬한 체계를 따랐습니다. 민족사, 종교사, 문학사 등은 볼 겨를이 없을 뿐 아니라 또 이것보다 소홀히 하지 않을 수 없습니다. 하늘은 결코 우연이 사람을 낳은 것이 아닙니다. 그렇다면 우리 학문의 큰 항목에 있어서 어찌 남들을 기다리고만 있을 수 있겠습니까?

선철들이 한 말이 있습니다. "의혹이 없으면 귀신도 피한다(斷以不疑, 鬼神避之)." 수요라는 것은 사건의 도적입니다. 옛 사람들이 이미 먼저 나의 마음을 취한 것입니다.『이전』은 일 년 동안 더 윤색하였습니다. 스스로는 천년을 전해갈 수 있는 정장(正藏) 이 바로 여기에 숨어 있다고 생각하고 있습니다.

언제든지 한 부 올리겠으니 천만 부탁은 가르침을 내리시되 하실 말씀을 다 했으면 합니다.

이상 .

5월 6일

장현 올림

(2)『해동춘추』 저작을 위한 자료수집과 집필 배경

박장현이 역사책을 저술하는데에는 상당한 어려움이 있었다, 자료가 부족하였기 때문이었다. 저간의 사정은 〈문자덕에게 보낸 편지〉에서 그 일단을 살펴볼 수 있다.

자덕에게

역사책을 쓰는 일이 차차 두서가 잡히기는 하고 있지만 인용할 수 있는 서적이 적은 것이 너무도 한스럽습니다. 단군, 기자의 상고 시기는 이제 마땅히 써야 하겠기에 귀댁에 만약 신라 석무극(釋無亟)이 지은 "고기(古記) " 및 선우씨(鮮于氏)네 가보(家譜)에 전해오는 "선왕유사기(先王遺事記) "가 있다면 인편에 부쳐 보내 주시요. 간절히 기대하고 있습니다.

동지 달 12일

장현이 적음

1934년 송공산에게 쓴 글에서도 인용할 서적이 적음을 한탄하고 있다. 이를 보면 다음과 같다.

> 공산선생님께 올리는 글
>
> 전번 달부터 거처에서 동지 서너 명 함께 "주자서백선(朱子書百選)"을 읽었고 "동국역사"를 지었습니다. 봄부터 초고를 적고 포폄(褒貶)의 서법(書法)을 약간 담아 기자로부터 시작하여 고려중엽까지 스스로 적었던 것입니다. 원근의 친구들 가운데서 어떤 사람은 너무 일찍 하다고 나무라거나 어떤 사람은 학문의 힘을 걱정하고 있습니다. 그러나 지금부터 초고를 적고 뒤에 듣는 것에 따라 보충하고 보는 것에 따라 수개하려고 한다고 말했습니다. 그렇다면 장현의 뜻을 다한 것입니다.
>
> 한스러운 것은 인용할 서적들이 너무나 적은 것입니다. 해도 다 가는데 삼가 도를 위하여 만중하시며 우리 학문의 영광으로 되어 주십시오.
>
> 갑술년(1934년) 12월 17일 장현 올림

그럼에도 불구하고 박장현은 해동춘추를 작성하기 위하여 많은 책을 참조하고자 하였다, 아울러 당시 영남유림의 대표였던 송준필, 하겸진 등으로부터 많은 사사를 받았다. 그러나 박장현은 선생의 충고에도 자신의 의견을 과감이 드러내는 자긍심을 보이기도 하였다.

새로운 유교적 인간상을 만들기 위한 경전: 『이전』

이전은 일반 출판물이다. 그 서문을 영남의 대표적 유림 송공산이 썼다. 박장현의 『이전』에 대한 생각은 〈이전의 권두(卷頭)에 적노라〉에 잘 나타나 있다.

> 도를 강수하고 학문을 논함에 있어서 마음속으로 얻은 것이 있다고 하면 곧 붓을 들어 적어 자성(自省)의 바탕으로 삼았다. 오늘날에 배우는 땅에서 시작으로 한다고 여기고 부류를 나누어 제목을 "이전"이라고 달았다.
> 시경에서 이르기를, 사람들이 이(彝)를 잡고 있다면, 참으로 잃지 않게 될 것이네(民之秉彝, 苟能不失)라고 하였다. 도리를 손에 잡고 지켜 나아간다 하면 아마 나의 생애를 잘못되게 하지 않지 않을까.

또한 〈이전을 동지들에게 보내며〉에서도 유교에 대한 강한 애착을 보여주고 있다.

> 장현이 시골에서 자라난 후생이지만 이 학설에 뜻을 둔지 몇 년이 되었습니다. 강학하고 학습하는 겨를에 우주 안의 세도(世道)의 변천을 살펴보니 날로 심하여져 가지만 우리 학문을 믿는 무리들은 새벽하늘의 별처럼 날로 사라지고 있습니다. 도라고 어찌 성쇠가 없겠는가만 쇠약함이 이때보다 더한 때가 없었습니다. 저 예수교나 불교를 믿는 신도들은 각기 자기들의 도를 전수함에 있어서 구설을 사용하거나 붓을 사용하면서 힘을 아끼지 않고 있지만 우리 당은 항상 스스로 한적히 지나면서 탄식하고 있을 뿐이며 불교로 변하거나 예수교로 변하는 것을 그대로 보고만 있을 따름입니다. 그렇다면 이것은 성현들이 세상일을 걱정하고 도를 구하는 뜻이 아닐 것입니다. 이리하여 스스로 어리석다고 여기는 사람이 제 힘을 헤아리지 않고 허망하게 이 학설을 밝게 강수하여야 한다는 것을 자기의 맡은바 소행으로 간주하고 천

고에 전해지는 드러나지 않은 성인들의 자기 몸으로 실행하여야 한다는 자취를 따라 "이전" 한 부를 지어 동지들에게 보내 드리고 동도(同道)들에게 전해주는 바입니다. 이 닥치는 대로 빼앗아 가는 세상에서 우리 당을 한둘뿐이라고 하여도 구해내어 보자고 하는 욕망에서 쓴 것입니다.

아울러 인쇄를 한 것에 대한 변을 다음과 같이 주장하고 있다.

어떤 사람이 "당신이 격동되어 분개해 하며 우리 무리들을 보존하려는 그 뜻은 훌륭한 것이지만 겸손해야 한다는 덕성에는 손상이 가는 것을 어찌하려고 합니까?"라고 말할 수 있을 겁니다. 그러나 대답하고 싶습니다. "인쇄한 것은 그 전(傳)을 취한 것이기에, 쓰기도 편리하고 신속하기도 하였습니다. 이러한 기관이 없었다면 그만이지만 이러한 기관이 있다고 하면 어찌 스스로 인쇄했다는 혐의를 피면하기 위하여 하던 일을 멈출 수가 있을 수 있겠습니까? 만약 공, 맹 이후로 되는 오늘에 태어나서 진정 그것을 보급할 수 있는 길이 있다고 하면 아무리 이런저런 여러 가지 혐의가 생긴다 해도 하지 않을 수 없을 것입니다."

또한 일반 유학자들과는 달리 책의 앞장에 사진을 수록한 것에 대하여도 자신의 입장을 다음과 같이 분명히 밝히고 있다. 당시 이에 대한 비판들이 있었기 때문이다.

그렇다면 사진을 권두에 내여 놓는 것은 또 무슨 뜻에서이겠습니까? 서양이라는 문이 크게 열리면서부터 사람들은 모두 구라파화하여 성현들의 의관이 어떠한 물건인지 알지 못하고 있습니다. 때문에 드러내놓고 보여준 것이며 그 의관이 수신(修身)하는 요소라는 것을 알려 주려고 한 것입니다. 근간에 또 시국이 더욱 험하게 변하여 밝은 제도들을 보존하지 못하고 있습니다. 그렇다고 한다면 나는 이것으로 세상에 실행하려고 하고 있으며 또

> 따라 설 동지들이 있으리라고 여기고 있는 것입니다.
> 만파도가 출렁이는데 홀로 잠잠하게 되어 있다고 말하는 것은 그 사람이 홀로 잠잠해지려는 뜻을 품고 있었기 때문이며 바다에 사나운 파도가 넘실거린다고 해도 파도를 막아 나선 기둥처럼 끄떡없이 서 있어야 할 것이고 큰 불에 쇳덩이가 녹아내린다고 하더라도 청풍을 타고 태평스레 지낼 수 있어야 하여야만 비로소 이 학문에 들어 설 수 있는 것입니다. 이것이 바로 장현의 자그마한 뜻입니다.
>
> 9월 초열흘

즉, 인쇄와 사진의 예에서 볼 수 있는 바와 같이, 박장현은 유학의 재건을 주장하면서도 옛 유학을 그대로 존속하고자 하는 것이 아니라 시대의 변화에 따라 편리한 점들을 최대한 이용 활용하고자 하였던 것이다. 특히 사진의 경우 유교를 알리기 위한 효과적인 선전전의 일환으로 인식하고 있음을 짐작해 볼 수 있다.

제4부

역사가의 생(生), 기억과 기록

1

연구자의 길: 스승 남사 정재각 교수*

나는 수년 전(1999년 말) 뜻밖에도 뇌졸중(중풍)에 걸려 병원에 입원 중에 남사(藍史)선생님 내외분의 병 문안을 받았다. 뜻하지 않았던 선생님의 병문안에 나는 달리 생각할 겨를도 없이 "선생님, 불경스럽습니다"를 연발하였다. 선생님 앞에서 제자가 누워서 병문안을 받는다는 것이 도리가 아니라고 생각되었고, 죄송스럽고도 황송스러웠기 때문이었다.

선생님이 다녀가시고 난 뒤에 나는 빨리 완쾌하여 선생님을 모시고 지난날과 같이 지내겠다고 몇 번이고 마음속으로 다짐하였다. 그러나 얼마 지나지 않아 청천벽력과 같은 소식을 듣게 되었다. 선생님이 돌아가셨다는 부음을 받게 된 것이다. 당장이라도 고려대학 안암병원의 빈소로 달려가고 싶었으나, 지병으로 몸을 거동할 수 없어서 나는 아들을 대신 문상 보낼 수밖에 없었다.

* 2003년 7월 17일, 박영석이 몸을 거동할 수 없는 병중에서 스승의 부음을 받고 생전의 사제 간 학연에 대해 쓴 글이다. 2010년 국학자료원에서 출간한 『만주지역 한인사회와 항일독립운동』에 '내 인생에 깊은 인연과 영향을 준 스승: 남사 정재각' 제명의 부록으로 실려 있다.

지금 나에겐 부음을 받고도 병 때문에 문상조차 못한 것이 평생의 한으로 남아있다. 나의 몸을 괴롭히는 병을 원망하고 건강을 지키지 못한 스스로를 질책하여 보았으나 쓸데없는 일이었다. 선생님께서는 누워있는 내게 문병 오셔서 위로의 말씀을 주셨는데 그것이 선생님과의 마지막 대면이 될 줄은 정말 몰랐다. 이제 이 세상에서는 선생님을 다시 만나 뵐 수 없는 운명이기에 오직 선생님 명복을 빌뿐이다.

정재각 선생님과 나의 인연은 고려대학에서부터 시작되었다. 나는 6·25전쟁 때 군대에서 4년을 복무하고 1955년에 고려대학교 사학과에 입학하였다. 당시 가정사정에 따라 1954년 제대 무렵 결혼을 하였는데, 마침 처가댁이 무오사화때 역사정신을 구현한 탁영 김일손의 후손댁이었다. 결혼 후 대학에 입학하고 처가댁에 가니 여러 어른들이 모여 있는데서 내가 뒤늦게 고려대학교 사학과에 입학하였다는 것이 화제가 되었다.

그 자리에서 나는 정재각 선생님 집안에 대한 얘기를 처음 듣게 되었다. 처족(妻族) 가운데 정서방(정재옥, 정재각 선생님의 季氏)은 나와 동문취객인데, 그의 집안은 조선조 유명한 우복(愚伏) 정경세(鄭經世)의 후손이며 경제적으로도 천석의 지주집안이라고 했다. 그 형제들도 지금의 경기중학출신이고 서울대학출신일 뿐 아니라 수재인 동시에 위인(爲人)됨이 대단한 명문가족이라고 들었다. 정재각 선생님의 처가도 경주 양동의 회재 이언적의 후손일 뿐 아니라 역시 소문난 명문가였다. 그때 처족에게 듣기에도 정재각 교수님의 명망은 대단하였다. 모인 처가 식구들이 이구동성으로 “자네 박서방은 정재각 교수님이 있는 고려대학교 사학과에 잘 입학했다”고들 하였다. 옛날부터 학운이 있으려면 스승을 잘 만나야 된다는 말이 있다. 이런 생각에 나는 속으로 무척 기분 좋아했던 기억이 난다.

그렇다고 그 후 바로 정재각 선생님을 개인적으로 뵈었던 것은 아니었다. 고려대학에서 입학식이 끝나고 학생들에게 주지사항을 전달했는데 그때 학생처장으로 정재각교수님이 등단하셨다. 당시 선생님이 단상에서 말씀하시는 것을 멀리 학생들 틈에 끼어서 본 것이 선생님과의 첫 만남이었다. 정말 풍모가 선비답고 깨끗하며 당당하셨다.

그리고 마침 장춘당에서 열렸던 재경청도향우회에 참가하였을 때도 훌륭한 스승 밑에서 공부하게 되었다는 축하를 받았다. 즉 고향 선배 중에 재무부 총무과장 이홍기(李洪基), 해무청에 박민흥(朴民興) 등이 대구 계성(啓聖)중학교 출신이었다. 정재각 선생님은 일제말기 대구 계성중학교에서 교편을 잡으셨었는데 당시 이들의 담임이시기도 하셨던 것이다. 그들은 정재각 선생님께선 실력이 있으며 인품도 훌륭하고 단정한 옷맵시를 가지고 계셨다고 기억하고 있었다. 나에게 좋은 대학에서 아주 훌륭한 교수님을 만나 행복하겠다며 축하해 주었다.

이렇듯 정재각 교수님에 대한 많은 이야기를 들었어도 학생으로서 정 선생님을 찾아뵐 기회는 쉽지 않았다. 오늘날은 학생들이 교수를 찾아가서 상담도 하고 상의를 하지만, 그 당시만 해도 학교에 갓 입학한 상태였고 또한 분위기도 그렇게 자유롭지 않았다. 정재각 교수님은 학생처장에 이어 바로 교무처장 등 중임을 계속 맡게 되어 무척 바쁘시기도 하셨다. 학부 재학시절 내내 선생님을 개인적으로 만나 대담한 적은 별로 없었다. 선생님께서 신설동인지 한옥집에 살고 계시던 시절 몇 명의 학생이 개인지도를 받으러 갈 때 따라간 적이 있었을 뿐이었다.

졸업을 앞둔 1958년 말에 선생님은 내게 첫 직장을 배려해 주셨다. 당시는 자유당 말기로 사학과를 졸업하고 중고등학교에 취직할 때였지만 취직이 수월하지 않아 대다수가 대학을 나와서도 거의 실업자 신세였다. 선생님께서 불러서 가보니 고대아시아문제연구소 연구조교를 해보라고 하셨다. 선생님의 소개로 연구조교로 근무하면서 나는 소장 이상은 교수(문리과대학 학장), 부소장 조기준 교수, 부소장 김준엽 교수, 민병기 교수, 김용건 간사 그 뒤에 송갑호 간사 등 여러 교수님을 모셨다. 그때 정재각 교수님은 아세아문제연구소 평의원 겸 고려대학교 민족문화연구소의 전신인 고려대학교 부설 고전국역위원회 위원장을 맡고 계셨다. 나에게 이 연구조교 자리는 대학을 나와 처음으로 근무한 직장인 셈이었고, 그 자리에 근무하게 된 것은 오로지 선생님의 배려 덕분이었음을 아직도 잊지 않고 있다.

그 후 4·19혁명, 5·16 군사혁명을 거쳐 가족의 생계 등의 문제로 고등학교 역사교사로 전직하였다. 나는 군대를 먼저 마친 관계로 대학학부를 늦게 시작하였고 따라서 대학원은 더욱더 만학이었다. 대학원에 다니면서 한국사를 전공하였지만, 「만보산사건연구」를 주제로 하였기 때문에 중국동북지방(만주지역)의 재만 한인 사회가 연구대상이었다. 그래서 정재각 선생님을 종종 뵙고 배우게 되었다. 이를 계기로 더 한층 자주 뵐 수 있는 기회가 마련된 셈이었다. 그러면서 나는 선생님을 만나 뵐 기회가 있을 때마다 선생님이 무어라 생각하실 지 구애받지 않고 많은 것들을 질문하였다. 모르는 것, 의문나는 것, 학문적인 것 등을 묻기도 하고 그밖에 그 동안 경험과 일상 생활, 시사문제나 인간만사에 대한 두서 없는 생각들, 나아가 내 나름대로 일방적으로 생각하고 해석한 것들을 말씀드리곤 하였다.

선생님의 글 가운데 아마도 고대신문에 실렸던 것으로 기억되는데, 동양인은 침묵 즉 과묵으로 인격을 형성한다는 글을 읽었던 기억이 난다. 동양의 고전에 과욕과묵지위인(寡欲寡默之爲人)을 두고 말씀한 것이 아닌가 생각해 보았다. 내가 가지고 있었던 그 동안 선생님에 대한 인상을 솔직하게 말씀드리면, 외유내강하고 관찰력과 혜안이 탁월하며 항상 사무사(思無邪) 무자기(毋自欺) 신기독(愼其獨)하시면서 하고 싶은 말씀을 다하지 않으시는 모습이었다. 진정 과욕 과묵한 선비인 동시에 함부로 타인에 대한 거명과 거인(擧人)을 하지 않고, 자기의 가족이나 개인의 신상문제, 혹은 자기의 집안문제를 타인에게 자랑하거나 말을 하지 않을 뿐 아니라 항상 신중하고 겸손하셨다. 『논어』에 나오는 불기불구(不忮不求), 즉 남을 욕하지도 않고 원망도 하지 않을 뿐 아니라 부탁이나 구걸도 하지 않는 자주적인 정신의 소유자였으며 경제적으로도 자립적이셨던, 철저히 스스로를 관리하신 오늘날 세상에서 보기 드문 위인(爲人)이셨다고 하지 않을 수 없다. 선생님 스스로도 말씀하시길, “나는 지금껏 어떤 자리를 위해 내 스스로를 부탁한 적이 없다”고 하셨다.

선생님께서는 안동문화권에 속하는 상주 출신이고, 특히 우복 정경세의 후손으로 자타가 알아주는 양반 명문가에서 태어나셨다. 여기에 수재와 재력, 학력을 모두 겸비한 인물이었던 정재각 선생님을 많은 사람들이 추앙하고 부러워하였다. 4·19 직후 어느 사석에서 고려대학교 영문과 교수였던 여석기(呂石基)교수님의 백씨(伯氏)인 여세기(呂世基)선생님(대구 매일신보 편집국장)이 내가 고려대 사학과 출신인 것을 알고는 묻지도 않았는데 나에게 “정재각 교수님에게 배웠군” 하였다. 당시 여세기선생이 말하기를, 정재각 교수님의 말씀을 그대로 글로 옮겨 적어 놓아도 군더더기 하나 없는 논리 정연한 글이 된다고 감탄하였으며 글 못지 않게 선생님의 인격에도 매료되었다고 하였다. 여세기선생은 대구 언론계의 저명인사였다. 이렇듯 정선생이 거명되면 모두 그의 문장 등의 능력 뿐 아니라 인품과 위인됨을 존경하지 않는 사람이 없었다.

조선시대 퇴계 이황선생님이 배출된 후 안동을 중심한 이웃군에서는 많은 인재들, 즉 유학자들이 다수 배출되어 크게 이름을 떨쳤고 또한 그들의 위인됨도 평판이 좋았다. 그리하여 안동지역 사람들은 지역에 대한 자부심이 대단하여 안동문화권을 추로지향(鄒魯之鄕)이라고도 하고 경상도에서는 소위 상도(上道)라고 자칭하고 그 외 이남지역을 하도(下道)라고 하였다. 내 좁은 식견으로 생각하기에, 하도라는 지칭에는 뛰어난 인물도 별로 없고 학문도 상도에 비하면 못하다는 의미로 약간 내려보는 경향이 있는 것 같아 보였다. 이를 정선생님에게 여쭈어 본적이 있었는데, 당시 선생님은 그 답변을 통해서도 생각이 치우치지 않고 말을 아끼시는 선생님의 위인됨을 잘 보여주셨다.

당시 선생님께서는 그 질문을 약간 회피하시면서 말씀하시기를, “상도는 산악지대가 많고 생산이 적어 비교적 가난한 사람이 많고 남쪽은 평야가 많아 부자가 많았다. 그리하여 상도인이 하도인과 혼인하는 일이 많았는데 하도인, 즉 부자를 상대하여 혼인을 많이 하니, 좋게 말하면 경제적인 도움이 많은 것이 아니겠는가” 하시고 말씀을 끊으셨다. 내가 들었던 바로는 남쪽 사람들은 상도의 양반과 혼인하는 것을 좋아하여 자기의 재산을 상납하는 조건으로 결혼을 성사시키는 일도 많았다. 물론 하도 사람끼리도 서로 지체가 높은가 낮은가에 따라 재력으로 부족함을 채우는 식의 혼인이 많았다.

정선생님은 양반가문 출신이지만 일찍이 신학공부에다가 역사공부를 하였기 때문에 세계적인 안목이 있어, 이러한 일들을 지난날 하나의 역사적인 과정이라고 생각하고 크게 관심을 두지 않으셨던 것 같다. 또한 하나의 현상에 대하여 다양한 시각으로 바라볼 수 있는 역사가적인 통찰력을 가지고 계셨던 것이다. 지방이나 가문에 대한 문제에 있어서도 주관적인 입장으로 포폄하기 보다는 거시적으로 발전 과정의 한 현상으로 바라보는 여유가 있으셨다. 집안에 대한, 자신에 대한 자긍심이 어찌 높지 않으셨겠는가. 그것은 마음 속에 품은 것으로 다하셨던 것이다.

안동지역은 전통과 문화가 크게 발달한 지역이었고 이를 바탕으로 훌륭한 독립운동가들을 많이 배출하기도 하였다. 일제시대 중국동북지역(만주)으로 일찍이 망명하여 항일운동의 최고 지도자로, 상해임시정부의 국무령까지 역임한 석주 이상룡 선생은 안동문화권에서 대표적인 인물이었다. 그는 1911년 만주로 망명하였는데 현지 중국인들을 상대하기 무척 어려운 점이 많았다. 중국인들은 조선에서 망명해온 사람을 무조건 '이야(夷也) 이야(夷也)' 오랑캐라고 무시하였다. 이에 이상룡 선생은 중화민국 의회에 진정서도 제출하고 경학사 취지서를 반포하고 본인의 화이관(華夷觀)을 발표하였다. 그가 논한 화이관을 살펴보면, 화와 이는 교육과 행위로 구별되는 것이었다. 즉 이 지구상에는 문명인과 야만인이 있는데 문명인은 교육을 받고 예절을 갖춰 법도를 지키는 교양 있는 사람들이고, 야만인은 교육도 받지 않고 무법적 행동을 하는, 즉 하등 동물 같은 인간속물들을 말한다고 구분하였다. 사람을 종족으로 구분하는 것이 아니고 문명인가 야만인가로 구분하면서 나아가 이를 중국의 역사를 통해서 입증하였다. 중국이란 나라만이 지구상의 중국(중심)이 아니라고 하면서, 지구는 타원형이므로 지구의 어느 곳에 있든 자기가 서있는 곳이 중심이라는 것이다. 자기가 속한 나라가 중국이기 때문에 지금의 중국인민이 중국인 것이 아니고, 우리도 우리나라로 세계 즉 지구의 중심에 서있기 때문에 우리도 중국(세계의 중심)이 될 수 있다고 했다. 사람도 누구없이 교육을 받고 예절을 지키며 사람노릇을 하면 문명인이 될 수 있으며, 중국인도 교육을 받지 않고 예절을 모르면 야만인, 즉 오랑캐가 된다. 중국땅에 살고 중국종족이라고 반드시 중화, 즉 화가 되는 것이 아니기 때문이다. 중국인이나 한국인이나 세계 어느나라 어느 종족이건간에 교육받고 예절과 법도를 지키고 훌륭한 위인이 되었을 때에 화가 되고 그런 사람이 서있는 곳이 즉 세계의 중심, 즉 중국이라는 것이다. 결론적으로 이상룡 선생은 어느 지역에 살거나 어느 종족이거나 교육을 잘 받고 동물아닌 인간 즉 훌륭한 위인이어야만 문명인이 되는 것이고 이는 누구라도 될 수 있다고 확신하였다.

이러한 이상룡 선생의 생각과 같이 누구없이 지역이나 사람에 구애없이 꾸준히 노력하고 인간이 되는 위인중심의 행동을 하면 된다는 입장에서 선생님과 나는 뜻이 같았다고 생각한다. 한 걸음 나가 선생님은 무척 신중하였기 때문에 상도니 하도니 하는 말조차 직접 표현한 적이 없을 정도였다.

나의 인생에서 가장 큰 전환점이 된 것은 고려대학교 사학과 대학원을 입학한 것이었다. 그때는 1965년으로 상당한 만학에 해당되었다. 대학학부도 4년 늦었고 대학원도 6년이나 늦었으니 약 10년이 차이나는 만학이었다. 입학 시험 때에도 실력이 없어 크게 고생을 하였다. 그리고 10년 후배와 공부한다는 것도 무척 어려웠다. 학문에는 만학도 있을 수 있고 망년지교(忘年之交) 또는 불치하문(不恥下問)이라고 하였지만, 만학을 직접 경험하지 않은 사람은 그 어려움을 알 수 없을 것이다. 또한 설상가상으로 부양가족도 많았고 자제교육문제, 빈곤한 경제력도 무척 고달픔을 주었다. 고등학교 교사까지 겸직하며 공부한다는 것도 시간적으로 벅찬 현실이었는데, 실력까지 부족하였기 때문에 그 어려움은 이루 형언할 수 없었다. 그렇게 어렵사리 공부하던 차에 마침내 1969년 석사를 마치고 박사과정 진학 문제를 정재각 선생님께 상의하게 되었다.

당시 정재각 선생님은 내게 전공에 맞게 선생님을 찾아가야 한다고 조언해주셨다. 근현대사를 전공하시고 만주에도 직접 가 있어 만주의 근현대사에 조예가 깊으며 경희대학교 대학원장으로 계시는 이선근씨가 계시다고 하시면서, 내가 「만보산 사건 연구」를 전공하였기에 그분을 소개한다고 하셨다. 그리고 이상은(고려대 아세아문제연구소소장)이 이선근원장을 잘 안다 하시면서 나를 데리고 갔다. 사정을 말씀드렸더니 이상은 소장님도 흔쾌히 소개장을 써주셨다.

그러나 당시 나 개인적으로는 고려대학교에서 박사과정을 하고 싶었다. 이런 내 마음을 읽으신 정재각 선생님께서는 박사과정은 전공에 맞는 선생님을 찾아가야 학문이 되기 때문에 세속적인 대학의 등급에 연연해하지 말라며 내 잘못된 서운함을 일깨워주셨다. 소개장을 받아 들고 청파동 이선근 원장댁을 찾아갔었는데 이 원장 역시 반가이 맞이하여 주었다. 이리하여 나는 경희대학교 박사과정시험에 응시하게 되었고 이선근 원장 밑에서 공부하게 되었다. 그 뒤에 알게 된 일이지만 이선근 원장은 문교부 장관, 성균관

대학총장을 역임하였으며 4·19이후 수난을 당하여 수감 생활까지 하셨는데 그 와중에도 을유문화사에서 출간된 『한국최근세사』, 『한국현대사』 2권의 방대한 집필을 하셨다.

이선근 원장과의 인연은 내게 새로운 기회를 가져다 주었다. 학기초 입학하여 수업을 받고 난 뒤에 이 원장은 나에게 말씀하시기를, 대구 영남대학교 총장으로 가게 되었는데 공부하겠다고 찾아온 나를 만나자마자 두고 떠나는 것은 도리가 아니며, 대구가 나에게도 낯선 곳이 아니니 함께 갈 수 있겠느냐고 하셨다. 영남대학교 사학과 교수로 임명할 터이니 함께 내려가 학교 일을 도와달라고 하셨다. 나는 갑작스런 제안에 바로 대답할 수 없어 집에 돌아가 가족들과 상의해 말씀드리겠다고 하고 물러 나왔다. 그리고는 먼저 정재각 선생님을 찾아가 상의하였는데, 선생님 역시 지방대학도 좋으니 내려가라고 하시면서 잘 되었다고 축하해 주셨다. 개인적으로도 고등학교를 떠나서 대학의 교수가 되었으면 하고 바라던 차에 이선근 원장과의 인연으로 대구에서 그 희망을 이루게 되었다. 이선근 원장과의 인연도 정선생님을 통해 이루어진 것이니 정재각 선생님은 나의 인생에 실로 깊은 연을 맺고 있었고 좋은 영향을 주셨다.

그후 나는 영남대학교를 거쳐 대만 유학을 하고 건국대학교 사학과에 부임하였다. 서울에 있게 되면서 설이나 추석이면 정선생님께 꼭 세배하고 찾아뵈었다. 나에게 찾아뵐 수 있고 존경하는 선생님이 계시다는 것은 커다란 즐거움이기도 했다.

1978년 정 선생님께서 동국대학교 총장으로 부임한 뒤에는 선생님도 학사일에 분주하시어 만나뵙기가 과거와는 달랐다. 정선생님은 대학교육행정에 있어서 자타가 인정하는 적임자셨다. 고려대학교에서도 모든 보직을 두루 거치셨고 누구도 따를 수 없을 정도로 대학교육행정을 능란하게 수행하셨다. 전해들은 이야기인데 고려대학교에 재직하시던 때 교무회의 석상에서 정재각 선생님이 안건을 제출하면 누구 없이 찬성하고 동의하여 만장일치였다고 한다. 선공후사(先公後私)의 정신과 항상 심사숙고한 합리적인 생각으로 일을 처리하셨기 때문에 누구도 이의를 달수가 없었다고 생각된다.

대학행정에 만능하신 정재각 선생님이 동국대학교 총장으로 부임하시게 되자 나는 선생님께서 동국대학교를 틀림없이 본궤도에 올려놓고 말 것이라고 생각하였다. 그러나 한편 동국대학교는 불교재단이고 훌륭한 고승도 많았지만 때로는 불교계의 불화 등으로 신문에 종종 오르내렸기 때문에 걱정아닌 걱정도 되었다. 정재각 선생님이 유교가정에서 성장하였기 때문에 갈등이 있지 않을까도 잠깐 생각했으나, 학교를 위해서 확고한 신념을 가지고 사심없이 대학행정의 풍부한 경험을 살려 잘 운영하실 것이라는 것을 믿었다.

그러던 중 어느 날 동국대학교 총장실로 면회를 갔는데 총장실에서 스님과 면담이 끝나고 면회시간이 주어졌다. 바쁘신 와중에도 나를 위해 시간을 내주시니 더욱 고마웠다. 총장취임을 진심으로 축하드린다고 인사를 올리고 정총장님의 말씀을 듣게 되었다. 정총장님 전임이 이선근 총장님이었는데 이선근 총장과 나와는 사제간인 동시에 영남대학교에서 모신 인연이 있었기 때문인지 나를 보시고 취임 후의 인간관계를 말씀하셨다.

정총장이 동국대학교 총장으로 취임한 이후에 여러 교수들과 개인면담을 하였는데 떠난 전임 이선근 총장에 대해 좋지 않게 이야기하는 교수들이 퍽 많았다고 하셨다. 왜 전임총장에 대하여 욕들을 하는지 생각해보니 그 사람들은 이선근 총장때 보직을 맡지 못하였거나 자기의 요구를 잘 들어주지 않았다거나 등등 소외당한 교수들이었다. 즉 개인적인 이해관계가 크게 작용하고 있었다. 그리하여 지금은 정총장에게 무엇인가 가까이 하여 자기가 희망하는 일을 성취해보고자 하는 사심으로 면담에 임한 것이라고 보셨다. 소외감을 느꼈던 사람들은 그렇다치더라도 전임총장이 있을 때에 인정을 받고 보직을 맡았던 교수들 중에서도 떠난 분에 대하여 고마운 마음을 가지고 좋게 이야기하는 교수가 있었는가 하면 그렇지 않은 경우도 있었다고 한다. 이런 것이 세상 인심이라고 하시며 당신 역시 총장을 그만두고 떠나면 마찬가지 일 것이라고 하셨다.

우주에는 음과 양이 있고, 인간사에는 선인과 악인, 그리고 손바닥에도 손안과 손등이 있는 것과 마찬가지로 인간의 체질 즉 인간사회에는 지지자와 반대자가 항상 있기 마련이다. 따라서 그런 사람들에게 구애받지 말고 정당한 일을 소신껏 추진하여 밀고 나가야 하며, 옳은 일에 대하여 우왕좌왕하지 말고 적극적이며 강력한 추진력을 보여야 한다고 말씀하셨다. 또한 반듯이 명심하여야 할 것은 사심을 갖지 말고 물욕에 눈이 어두워서는 안 된다는 것이었다. 매사에 광명정대함을 잃지 말고 대의를 위하여는 남들의 비난을 두려워하지 말고 소신껏 추진하면 된다는 말씀이었다.

그 날 정총장님의 말씀은 사회의 험난한 인간관계를 현명하게 헤쳐나갈 수 있는 지침으로 공감되었다. 이 세상에는 속물 같은 인간도 많고, 어떤 일에 있어서도 반드시 지지자와 함께 반대자가 있기 마련이다. 이에 구애받지 말고 광명정대하고 소신껏 일을 추진하면 결국은 사필귀정이 된다는 것을 확신하게 되었고 다시금 정총장님의 말씀을 더욱 명심하게 되었다.

나에게도 국사편찬위원장의 중책을 맡게 되는 기회가 주어졌다. 정재각 선생님의 말씀이 떠올라 그때 듣고 느낀 점을 되살려 소신껏 일을 하게 되었다. 나는 국사편찬위원회를 맡은 이상 무엇을 하여야 하는가에 대하여 구상을 하였다. 한국사의 총 본산을 이룩하기 위하여는 첫째 청사 즉 전용 건물이 있어야 한다고 생각되었다. 그 당시까지 제대로 된 국편의 전용건물 없이 셋집으로 전전하였기 때문에 반듯한 전용 건물이 연구 발전의 기반이 될 것이었다. 그리하여 과천에 웅장하고 큰 건물을 만드는데 전력을 기울였다. 둘째로는 종전까지 대통령령으로 설치근거를 규정하고 있었으나 국회에서 의원입법으로 「사료수집 및 보존 등에 관한 법률」 즉 국사편찬위원회에 관한 법률을 제정, 국사편찬위원회의 설치 근거를 법률로 규정하여 불안하였던 존폐문제를 해결하였다. 셋째, 연구기관으로서 전문성을 높이기 위해 국편 연구 인원들에 대해 외부로 인사할 수 없게 영구직이 아닌 편사직을 법률로 만들어 국편에서만 근무하도록 하였다. 종래 일급이던 위원장직을 정무직(차관급)의 기관으로 승진시켰고, 국편의 인원과 예산을 대폭 늘렸으며 국편연구관 연구직은 사적인 추천이 아닌 공채로 채용하도록 제도화하였다. 그리고 전국에 사료조사위원을 두고 이에 따른 예산과 인원을 대폭 증원하여 해외는 물론 전국적으로 사료수집 활동을 원활하게 하였고, 또 세계 각국에도 사료 조사위원을 두었다.

이를 통해 막대한 사료수집 및 활발한 활동 여건을 조성하는 등 정부 각 기관의 협조를 받아 국편의 획기적인 발전을 기할 수 있었다. 물론 이러한 발전에는 국편 모든 직원의 노력이 컸다. 당시 주위의 비난도 없지 않았지만 이를 감수하면서 계획한 일들을 추진하였는데, 교육부를 위시한 많은 기관과 많은 분들의 도움도 컸지만 또한 방해도 많았다. 후원과 지지 그리고 용기에 힘입어 계획한 일을 위해서는 어떤 비난도 감내하며 강력하게 추진하여 오늘날 국편의 기반을 마련하였던 것이다. 이러한 추진력의 정신적인 원동력은 정재각 선생님의 말씀에 힘입은 바 컸으며 선생님의 교훈을 거울 삼았다.

국편을 계획했던 궤도 위에 올려놓고 나는 정 선생님을 국편에 모셔 강연하시게 한 적이 있었다. 국편 전직원에게 강연을 하시는 모습을 뵙고 또한 선생님을 모시고 다니면서 국편의 현황을 설명하면서 스스로를 감개무량해했다. 마음속으로 오늘날이 있게 된 것은 선생님 덕이라고 생각하며 감사하게 여겼다.

1977년에 내가 박사학위 논문심사를 받을 때의 일이었다. 박사학위심사를 몇 차례 거치고 마지막 심사가 끝나면 보통 논문을 심사해주신 선생님들께 한번 식사대접을 하는 것이 관례로 되어 있었다. 당시 나도 내 논문을 읽고 평가해주시느라 애쓰신 심사위원 선생님들께 정성을 다하고 싶었다. 그래서 나는 시내에 있는 〈장원〉이라는 음식점에 예약을 해놓고 심사위원 선생님들을 초대하였는데, 의외로 정재각 선생님께서 나를 당혹스럽게 만드셨다. 그동안 논문을 읽고 지도해주신 것에 대한 감사 표시라며 정중하게 말씀드렸는데 정 선생님께는 불쾌하신 말투로 참석할 수 없다고 하셨기 때문이었다. 나는 무엇 때문인지 당황해하다가 선생님께 재차 여쭈었다. 선생님께서 사양하시려던 이유는 내가 예약한 음식점의 식사 가격이 비싸다는 데 있었다. 그러나 내 입장에서는 장소도 예약 해놓은 데다가 심사위원장을 맡았던 이선근 총장님에게도 이미 말씀드려 놓은 상태였기 때문에 취소하기도 퍽 난감하였다. 그리하여 정선생님에게 그곳의 음식 값이 지나칠 정도는 아니라고 말씀드리고 못마땅하시겠지만 평소 나를 아껴주시는 마음으로 한번만 이해하시고 꼭 참석하여 주실 것을 간곡하게 청하여서 겨우 모시고 식사할 수 있었다.

사실 나는 정선생님의 평소 생활과 태도를 잘 알고 있었다. 어떤 계기가 되어 식사를 모시게 되면 꼭 설렁탕이나 값이 비싸지 않은 음식을 택하셨고 술도 제대로 들지 않으셨다. 혹여 제자들에게 부담을 주지 않을까 조심하셨을 뿐 아니라 모임이 끝나고 교통이 불편한 서울 시내 사정으로 택시를 잡아 편안히 귀가하시게 모시려고 택시를 잡으려는 사이에 먼저 버스를 타고 가버리시곤 하셨다. 정선생님께서는 평소 검소한 생활철학을 가지고 계셨고 남에게 폐를 끼치지 않았다. 간단한 식사까지 거절하면 상대방에게 진정한 호의까지 무시한다고 오해를 살까봐 걱정하셨고 바쁜 시간에도 배려한 것에 대한 인사를 잊지 않으셨다. 이와 같이 정 선생님의 평소 생활은 그 자체마저도 귀감이 될 만 하였다.

그러나 내 좁은 소견으로는 정 선생님께서는 재력과 인재 겸비하셨으므로 좀더 풍족하게 생활하셔도 허물이 아니라고 생각하였다. 언제인가 선생님과 대화할 기회가 되어, “선생님, 제가 듣기에는 선생님은 시골 고향의 재산이 1,000석인 지주의 장남인데 좀더 좋은 집에 여유있게 생활하셔도 되지 않으십니까”하고 당돌하게 선생님의 가정문제, 즉 재산문제를 여쭤보았다. 이에 선생님께서 답변하시기를, “자네가 처가에서 들은 모양인데 1,000석이라고들 하지만 실은 약 300석 정도일세(선생님 말씀을 믿을 수밖에 없었다). 이 정도 재산으로 아들 공부시키고 손님 접대하면서 생활하시는데 부모님께서 고생이 많았다네"라고 하셨다. 그 말씀을 듣고 나는 선생님의 검소한 생활과 인격형성은 유교가정에서 부모님의 엄하고 철저한 교육을 통해서 이루어진 것이구나 하고 생각하게 되었다.

게다가 정선생님은 「苟日新 日日新 又日新」하시는 분이었다. 1998년 어느 날 정선생님과 송갑호(宋甲鎬) 선배님을 모시고 점심을 할 기회가 있었다. 그때 정 선생님은 오늘날은 PR시대이므로 스스로 자신의 PR를 해야한다고 말씀하셨다. 말씀을 들으면서 내심으로 정선생님 답지 않은 말씀을 하시는구나 하는 생각했다. 오랜 동안 동양인의 인격형성이 침묵과 과묵함이라고 하신 말씀을 기억해왔기 때문에, 한편으로는 정선생님도 많이 변하셨구나 싶었고 또 다른 한편으로는 시대의 흐름을 진정으로 잘 보고 계시는구나하는 생각이 들었다. 당시 정 선생님은 불쑥 말씀하시는 것이 아니었고 많은 생각 끝에 내린 결론로서 말씀하신 것 같았다. 동양에서는 몇 천년을 내려오면서 자기를 낮추고 겸손하고 남이 알아서 추천해 주어 등용되는 것 정도로 여겨왔다. 오늘날은 빠른 발전 속도와 많은 사람들로 인해 타인이 타인의 인격이나 능력을 정확하게 판단할 수 있는 기회란 자연스럽게 주어지지 않는다. 따라서 옛날과 달리 적극적으로 자신을 알리는 것이 필요한 시대가 되었다. 시대에 대한 통찰력이 깊으신 분이므로 당연시 느껴지기도 했지만, 선생님께서 그런 생각을 하시게 된데 개인적인 어떤 특별한 계기가 있으셨나 하는 궁금함이 아직도 남았다.

나의 선고께서는 1930년대에 일찍이 저술 활동을 하시다가 1940년 32세로 돌아가셨다. 일제 식민지 지배하에서 한계가 있었지만, 우리나라 역사와 철학논문, 간찰 등의 많은 유고를 남기고 이 세상을 떠나셨다. 그 유고는 일제시대를 거치고 6·25전쟁 피난길을 거치면서도 어머님이 잘 보관하시어 다행히 오늘날 자식들에게 전해질 수 있었다. 선고께서 남기신 유고를 볼 때마다 그 방대한 저술을 이루기 위해 온 노력을 다하셨을 선친의 노고를 느낄 수 있었고 불초한 자식으로서 할 수 있는 일이라곤, 그 유고를 간행하여 세상에 빛을 보게 하는 것이라고 다짐하곤 하였다. 그런 다짐을 하고 있었음에도 1983년에 이르러서야 유고 간행을 실천할 수 있었다. 나는 그 유고의 해제를 두고 그 동안 선고와 동문수학한 우인(于人) 조규철(曺圭喆) 임당(·臨堂) 하성재(河性在)·도산(濤山) 성순영(成純永)·소원(韶園) 이수락(李壽洛)제 선생님과도 상의한 적이 있었다. 그러나 나로서는 정재각 선생님에게 해제를 받고 싶었다. 이런 나의 바램에 의해 염치 불구하고 정 선생님께 해제를 부탁드렸다.

정재각 선생님은 약 6개월 여에 걸쳐 고생하신 끝에 방대한 분량의 책을 깊이 천착하시고 주옥같은 원고를 내주셨다. 그래서 정재각 선생님이 써주신 해제를 앞에 넣고 『중산전서(상,하), 박장현 저』를 간행하게 되었고, 그때 내 스스로 느꼈던 감격은 이루 말할 수 없을 정도였다. 나로서는 여태껏 무거운 짐을 등에 짊어지고 살다가 선고의 유고 『중산전서(상,하)』를 간행하면서 짊어지고 있던 짐을 벗어놓은 것 같은 기분이었고, 그 마무리를 만족스럽게 채워주신 정 선생님께 대한 고마운 마음은 이루 형언할 수 없었다.

『중산전서(상,하)』의 해제를 끝내고 원고를 내어 주시면서 하신 말씀이 떠오른다. 중산장(中山丈)은 1908년생이고 당신은 1913년 생으로 겨우 중산장이 5년 연장일 뿐이고, 게다가 중산장은 젊은 나이인 32세에 돌아갔는데 훌륭한 유고가 100여 권이나 되니 당신은 그동안 무엇을 했는지 부끄러운 생각이 든다고 말씀하셨다. 또한 중산장은 종래의 글(주로 주역·시경·서경)을 숙독하고 그에 대한 의문점, 자득점에 대한 종래 역대 학자들의 주해에 맹종하거나 만족하지 않았으며, “고인(古人)이 말하지 못한 것을 금인(今人)이 말할 수 있을 것이고 금인이 말하지 못한 것을 후인(後人)이 말할 수 있을 것이다”라고 밝힐 정도로 25세의 젊은 학자로서 패기와 학문적 자존심을 견지한 것에 대해서도 놀라지 않을 수 없었다고 정 선생님은 당신의 생각을 피력해주셨다.

나아가 젊은 시골 유학자가 1939년 도일(渡日)하여 기록한 『동경유기』(『東京遊記』)내용에 있는 동경대학 교수 井上哲次郎과의 면담에서 방일 목적을 물었을 때에 일본 유학계 및 유학자와의 만남, 산천 풍속 시찰에 있다고 당당하게 밝힌 태도하며, 일본 동경 부근의 고구려가 망한 후 약광(若光)이 일본으로 망명한 후 약광왕(若光王)을 모신 고구려 후예들이 일본 땅에 세운 고려신사의 탐방에서의 즉흥시는 민족사가로서의 면모를 강하게 보인 것이라고 말씀을 하시면서 정 선생님이 보기에는 많은 유고도 남겼지만 중산장은 민족사학자로서의 비중도 자못 크다는 결론지어 주셨다. 이러한 선생님의 소감을 나는 선생님 스스로 겸손하신 말씀이라고 생각했지만, 한편 선생님께서 선고를 높이 평가해주신 것에 대한 뿌듯한 마음을 감출 수도 없었다. 지금 생각하면 정선생님의 노고에 제대로 인사도 치르지 못한 것이 죄송하고 죄송할 따름이다.

내가 정재각 선생님을 뵙고 지내온 시간도 거의 반세기에 가까웠다. 꽤나 오랜 시간이라고 할 수 있지만 그래도 선생님이 나를 어떤 위인(제자)으로 보고 계시는지 알 수가 없었다. 평소에 나를 칭찬하고 인정한 적도 없었고 나를 욕하고 화를 내고 꾸짖은 적도 없었다. 보통 남들이 보기에는 내가 선생님 앞에서 말도 잘 하지 않고 조심스럽게 행동하는 것 같이 보여 지기도 했다. 그러나 나는 조심성 없이 말하곤 했고 때로는 나 자신의 언동에 대하여 경솔하였다고 후회하기도 하였다. 평소 선생님은 말을 적게 하는 것으로 위인이 되고 인격자가 된다고 생각하시는 분이라는 것을 나는 잘 알고 있었기에 더욱 그랬던 것 같다. 그리고 선생님은 타인의 말을 막지 않고 경청하셨고, 일단은 긍정을 하시면서도 그 사람의 말이 무슨 의도를 가지고 있는가를 읽으셨고 나아가 그 사람의 마음을 깊이 통찰하는 것 같이 보였다. 말씀이 적고 또한 말을 아끼셨기에 나에 대한 선생님의 평가를 좀처럼 알 수가 없었다.

정 선생님은 나의 행동, 즉 언행에 대해 알고 계시므로 평가를 하고 계셨을 것이다. 처음으로 나에 대해 언급한 것은 1992년도 나의 회갑의 글(朴水郁晬甲壽序)에서였다. 그러나 누구 없이 회갑 축하를 위한 글에는 본인을 치켜 세워주는 것이 있기 때문에 나의 스승 정재각 선생님이 평소 그대로의 생각대로 나에 대하여 써 주신 것인지, 아니면 축하의 의미로 의례적인 것이 포함되어 있었던 것인지 나로서는 알 도리가 없었다. 그저 나 혼자서 추측하기를,「중산전서 해제」를 쓰시고 난 후, 그리고 국사편찬위원회 방문 후, 또한 나의 저서 『한민족독립운동사』(일조각)가 출판되어 『역사학보』에 천관우(千寬宇) 선생의 서평을 보신 뒤에 나에 대한 인상이 조금 평가 절상되지 않았을까 하고 생각해보았을 뿐이었다. 그러나 그것은 나만의 착각일지도 모른다. 왜냐하면 선생님은 희로애락의 표현이 없고 워낙 과묵하셨기 때문이다.

남사 정재각 선생님은 옛날 유교사회에서 말하는 모범 그 자체로, 항상 정심(正心)으로 정의관(正衣冠)하시고 정자세(正姿勢)로 하나의 흐트러짐 없이 단정하게 사셨으며 남을 욕하지 않았을 뿐 아니라 원망하지도 않았다. 부탁이나 구걸하는 일이 없었으며 남이 자기를 알아주지 않는다고 걱정하지 않았고 오히려 본인의 무능을 걱정하고 항상 겸손하고 스스로를 낮추었다. 선생님은 평생을 마음에 따라 하고자 하는 일에는 법도를 넘는 일이 없었고 사람이 할 수 있는 일을 다한 뒤에 천명을 기다렸다. 만년에 와서는 속세에 물들지 않으시고 품행과 지조를 고결하게 유지하셨다. 나는 남사 선생을 온온자덕(溫溫者德) 엄엄자상(巖巖者像) 확호불발(確乎不拔) 당류지석(當流之石)으로 나의 마음 속에 담아두고 싶다.

이제 회한으로 남는 것들이 많지만 그 중에서도 선생님을 모시고 함께 해외여행을 갖기로 계획을 세운 적이 있었는데 실천하지 못한 것이 마음에 몹시 걸린다. 즐거운 시간과 추억을 나눌 기회를 만들지 못하고 이 세상에서 선생님을 떠나 보낸 것을 두고두고 후회하며 사죄하면서 용서를 빌고 싶다.

마지막으로 남사 선생님의 못난 제자로서 말씀드리고 싶은 것은 부족하나마 나 나름대로 선생님을 귀감 삼아 살아왔으며 앞으로 남은 인생에서도 그럴 것이라는 것이다. 진정 나의 사표이신 선생님의 인격과 학문에 미치지 못하고 선생님의 제자 되는 자체가 오히려 선생님에게 누를 끼치고 있는 것을 부끄럽게 여길 뿐이다.

남사 선생님의 높으신 뜻을 이해하지 못하고 미숙한 제자가 모자라는 생각으로 적어 선생님의 고귀한 인품과 뜻을 손상시키지나 않을까 삼가는 마음이 있다. 부디 잘못된 글을 용서하시고 이해하여 주시리라 믿으며 다시 한번 선생님의 명복을 빈다.

2

박영석 연보

박영석(朴永錫, 1932.5.9. – 2017.6.15)

경북 청도군 이서면 수야동 199번지에서 중산 박장현공과 재령이씨 이병기여사의 장남으로 출생. 본관은 밀양. 이서초등학교를 나와, 고려대 문리대 사학과를 졸업하고 경희대에서 박사학위를 받았다. 만주지역 독립운동사 연구를 주로 하였다. 1970~80년대 한민족 독립운동사 연구를 이끌었다. 대표 저서로 『한민족독립운동사연구』, 『만보산사건연구』 등이 있다. 학문적 공로를 인정받아 치암학술상과 의암학술대상 등을 받았다.

영남대·건국대 사학과 교수, 한국사학회장, 한국민족운동사학회장 등을 지낸 뒤 1984년 2월~94년 7월 국사편찬위원장을 역임했다. 역대 최장수 국사편찬위원장이다. 재임하며 서울 남산에 있던 청사를 경기도 과천 정부종합청사 옆으로 신축 이전하고 국편을 차관급 기관으로 격상시키는 동시에 조직과 연구 인력을 대폭 확충하는 등 국편의 위상을 높이는 데 크게 기여했다. 특히 사료 수집 및 보전 등에 관한 법률을 제정한 것은 중요한 업적이다.

박영석의 부친 박장현은 역사에 천착한 영남 유생이었다. 박 교수는 온 가족이 함께 역사를 공부하고 토론하는 학자 집안으로도 유명하다. 대를 이어 역사를 연구하는 장녀 박주(대구가톨릭대 명예교수·한국사)교수를 비롯하여 장남 박환(전 수원대, 한국사), 차남 박단(서강대·서양사), 삼남 박강(부산외국어대·동양사) 교수 등 서양화가인 차녀 박옥씨를 제외한 자녀들이 모두 역사학자이다. 또한 둘째 며느리 신행선박사는 서양사 전공이며, 셋째 며느리 서은미박사는 중국사 전공이다. 아울러 손녀 박경, 외손녀 임혜균, 장손 박찬, 손자 박혁도 역사를 공부하고 있다. 박영석은 마지막까지 부친이 남긴 문집 『중산전서』를 손에서 놓지 않았다. 묘소는 경북 청도군 이서면 수야동 절골에 있다.

수학

1937. 숙부 박노현님에게 천자문 수학

1938. 종숙 박기현님에게 동몽선습, 소학 수학

1946.6. 이서공립국민학교 졸업

1950.11. 6.25사변으로 영남중학교 학업 중단

1955.2. 영남고등학교 졸업

1959.2. 고려대학교 문리과대학 사학과 졸업

1969.2. 고려대학교 대학원 사학과 졸업

1977.2. 경희대학교 대학원 문학박사학위 취득(만보산사건 연구)

경력

1950.11-1954. 육군 복무

1959.2. 고려대학교 아세아문제연구소 연구조교

1961.9. 수도여자사범대학부설고등학교 교사

1970.2. 영남대학교 문리과대학 사학과 전임강사

1971.3 영남대학교 문리과대학 사학과 조교수

1977.2-1997.2 건국대학교 사학과 교수

1983.3. 국가보훈처 독립유공자 공적심사위원

1983. 독립기념관 건립추진위원회 기획위원

1984.2.-1994.7.13 국사편찬위원회 제5대 위원장

1984. 문화재위원, 한국사연구협의회 회장, 서울시사편찬위원

1985.10. 한국사학회 회장

1987.2. 독립기념관 한국독립운동사연구소 운영위원

1999-2000. 한국민족운동사학회 회장

[결혼식 풍경](1954.3.24(음) 경북 청도군 화양읍 백곡리)

3

박영석의 저서 및 논문

주요 저서

- 『만보산사건연구』, 아세아문화사, 1978.
- 『만보산사건연구(日譯)』, 제일서방, 1981.
- 『한민족독립운동사연구』, 일조각, 1982.
- 『일제하독립운동사연구』, 일조각, 1984.
- 『재만한인독립운동사연구』, 일조각, 1988.
- 『한 독립군병사의 항일전투』, 박영사, 1984.
- 『만주 노령지역의 독립운동』, 독립기념관, 1989.
- 『화사 이관구의 생애와 민족독립운동』, 선인, 2010.
- 『만주지역 한인사회와 항일독립운동』, 국학자료원, 2010.
- 『민족사의 새시각』, 팀구당, 1986.
- 『항일독립운동의 발자취』, 탐구당, 1990.
- 『리턴보고서(譯)』, 탐구당, 1986.

주요 논문

- 「만보사사건의 역사적 배경」, 『백산학보』 6, 1969.6.
- 「만보사사건의 경위」, 『백산학보』 7, 1969.12.
- 「만보산사건이 조선에 미친 영향」, 『아세아학보』 8, 1970.9.
- 「일제의 대륙정책과 만보산사건」, 『건대사학』 2, 1971.
- 「일제하 재만한인의 압박문제-재만동포옹호동맹의 활동을 중심으로」, 『아세아연구』 15-4, 1972. 12.
- 「만보산사건을 위요한 중일간의 교섭」, 『사총』 17, 18, 1973.2.
- 「일제하 중국인배척사건-사건수습을 중심으로」, 『하성이선근박사고희기념 한국학논총』, 1974.7.
- 「만보산사건으로 인한 중국에서의 항일운동」, 『건대사학』 4, 1974.7.
- 「만보산사건과 조선에서의 중국인배척이 일본에 미친 영향」, 『건국대인문과학논총』 8, 1975.12.
- 「일제하 재만한인에 대한 중국관헌의 압박실태와 국내반응: 1920년대 재만동포옹호활동을 중심으로」, 『한국사연구』 14, 1976,11.
- 「대종교의 독립운동에 관한 연구: 김교헌교주시기를 중심으로」, 『사총』 21, 22, 1977.10.
- 「일제하 재만한국유이민의 촌락형성에 관한 연구: 울진 경주이씨일가의 이주사례를 중심으로」, 『한국사연구』 24, 1979.5.
- 「일제하 한국인만주이주에 관한 연구」, 『성곡논총』 10, 1979.10.
- 「일제하 재만한인사회의 형성: 석주 이상룡의 활동을 중심으로」, 『한

국사학』 3, 1980.6.

- 「만주 노령지역의 독립운동」, 『한국현대문화사대계』 5, 1980.10.
- 「단재 신채호의 만주관」, 『단재신채호선생탄신100주년기념논집』, 1980.12.
- 「일제하 재만한국유이민 신촌락형성에 관한 연구: 특히 이상룡의 화이관을 중심으로」, 『동국사학』 15, 16, 1981.3.
- 「석주 이상룡연구: 임정 국무령선임배경을 중심으로」, 『역사학보』 89, 1981.3.
- 「일제하 재만한인의 민족의식과 독립운동: 경학사 설립경위와 취지서를 중심으로」, 『사학연구』 33, 1981.12.
- 「대한민국임시정부와 국민대표회의: 서간도지역 독립운동단체의 참여와 관련하여」, 『한국사론』 10, 1981.12.
- 「일본제국주의하의 한국인 일본이동에 대하여」, 『건국대인문과학논총』 14, 1982.7.
- 「대종교의 민족의식과 항일민족독립운동: 임오교변을 중심으로」, 『건대사학』 6, 1982.8.
- 「일제하 만주 노령지역에서의 항일민족독립운동(상): 북로군정서 병사 이우석의 활동을 중심으로」, 『동방학지』 34, 1982.12.
- 「일제하 만주 노령지역에서의 항일민족독립운동(하): 북로군정서 병사 이우석의 활동을 중심으로」, 『동방학지』 35, 1982.12.
- 「대종교의 민족의식과 항일민족독립운동(상)」, 『한국학보』 31, 1983.6.

- 「일제하 서간도지역 공화적 민족주의계열 한국독립운동단체에 관한 연구: 그 맥락과 정치이념을 중심으로」, 『성곡논총』 14, 1983.8.
- 「정의부연구: 민주공화정체를 중심으로」, 『김준엽교수화갑기념 중국학논총』, 1983.3.
- 「대종교의 민족의식과 항일민족독립운동(하)」, 『한국학보』 32, 1983.9.
- 「민족해방후의 대종교운동」, 『추헌수교수화갑기념논총』, 1984.7.
- 「중국동북(만주)지역 한민족독립운동사연구의 새로운 시각」, 『사학연구』 38, 1984.12.
- 「일제하 재만한국인의 기독교도의 항일민족독립운동: 1910년대의 서간도지역을 중심으로」, 『한국사연구』 48, 1985.3.
- 「일제하 만주 노령지역에서의 항일민족독립운동에 관한 연구: 복벽, 공화적 민족주의계열의 활동을 중심으로」, 『한국사학』 6, 1985.5.
- 「해원 황의돈의 민족주의사학」, 『산운사학 창간호』, 1985.8.
- 「홍범도장군연구」, 『천관우선생환갑기념논총』, 1985.12.
- 「대한광복회연구: 박상진제문을 중심으로」, 『한국민족운동사연구』, 1986.8.
- 「해외독립운동의 기본구조: 1920년대 후반 만주지역 혁신의회를 중심으로」, 『한국사학』. 1986.8.
- 「유일우일가의 민족독립운동」, 『최영희선생화갑기념논총』, 1987.3.
- 「독립운동방략」, 『한국현대사의 제문제』 1, 1987.5.
- 「백산 이청천」, 『한국현대인물론』 2, 1987.7.
- 「한인소년병학교연구: 헤스팅스 한인소년병학교를 중심으로」, 『한국

독립운동사연구』 1, 1987.8.

- 「민족유일당운동: 1920년대 후반 중국 만주지역을 중심으로」, 『한국현대사의 전개』, 1988.5.
- 「대한독립선언서 연구」, 『산운사학』 3, 1989.
- 「일제하 재만한인사회연구: 동북사변이후 영신농장을 중심으로」, 『국사관논총』 1, 1989.10.
- 「만오 홍진연구」, 『국사관논총』 18, 1990.12.
- 「일제하 재만한인의 법적지위: 이중국적문제를 중심으로」, 『윤병석교수화갑기념논총』, 1990.12.
- 「중국동북지역(남만주) 항일독립운동 근거지 답사기」, 『산운사학』 5, 1991.12.
- 「이완용연구」, 『국사관논총』 32, 1992.6.
- 「자료소개: 1937년 재소한인의 강제이주에 관한 사료」, 『수촌박영석교수화갑기념논총』, 1992.
- 「남자현의 민족독립운동-중국동북지역에서의 활동을 중심으로-」, 『한국학연구』 2, 숙명여자대학교 한국학연구소, 1992.
- 「백야 김좌진장군연구」, 『국사관논총』 51, 1994.
- 「일본제국주의하 재만한인의 법적 지위에 대한 제문제-1931년 만주사변 이전을 중심으로-」, 『한국민족운동사연구』 11, 1995.
- 「장학량 중국동북군벌의 대한인정책-특히 길림성을 중심으로-」, 『오세창교수 화갑기념논총』, 1995.12.
- 「동학농민혁명의 역사적 의의」, 『호남문화연구』 23, 1995.

•「홍진의 중국동북지역에서의 항일민족독립운동(1927~1933)」, 『이현희 교수회갑기념논총』, 1997.12.

•「대한광복회 연구-이념과 투쟁방략을 중심으로」, 『한국민족운동사연구』 15, 1997.

4

박영석의 유묵

박영석은 연구하는 가운데 서예에 깊은 관심을 기울였다. 과천에 국사편찬위원회를 신축하였을 때에도 〈국사편찬위원회〉 현판을, 또한 〈국사관논총〉 제호도 본인이 직접 작성하는 열의를 보였다.

서예에 대한 관심은 선친 박장현으로부터 출발하였다. 수도여자사범대학 부속고등학교 교사시절 어려운 가운데에도 서예를 공부하고자 한 것을 보면, 그 열의를 짐작해 볼 수 있을 것 같다. 당시 수도여자사범대학에는 한글 서예로 유명한 평보 서희환(1934-1995)이 동연배로 한 울타리에서 근무하고 있어 배움도 더욱 서예에 관심을 갖게 되는 계기가 되었던 것 같다. 엮은이 박환 역시 가끔 집에 오신 평보선생님을 뵌 기억이 있다.

박영석의 서예 스승은 검여 유희강(1911-1976)이었다. 검여는 인천출신, 서예의 대가로 1962년 서울 관훈동에 검여서원(劍如書院)을 열어 서예연구와 후학지도에 힘썼으며, 홍익대학교 등에 출강하였다. 1968년 뇌출혈로 인한 오른쪽 반신마비를 극복하고 왼손으로 연구를 계속하여 인간승리의 극적인 일화를 남긴 유명한 분이다.

青浮柳市煙

學不厭
也人

박영석은 고등학교 교사시절 검여로부터 사사받았고, 집에도 서실을 마련하여 지속적으로 서예 연습을 하시던 모습이 지금도 눈에 선하다. 아버지 옆에서 먹을 갈아 드리며, 지겨워 하던 엮은이 박환의 모습을 떠올리게 된다. 검여와의 인연을 계기로 당대에 유명한 서예가인 일중 김충현, 여초 김응현 등 여러분께도 사사한 것으로 기억된다. 그러므로 1992년 박영석의 회갑 때 김철희, 이수락, 김충현, 김응현, 정하건, 이진영, 임창순, 이우성, 유치웅, 변시연, 서희환, 황재국, 조병희, 이종순, 원중식 등 당대의 대표적인 분들이 축하글들을 보내주셨다.

아버지께서 쓰신 작품 몇 점이 남아 있어 그 흔적을 찾아볼 수 있다. 그 중 가장 기억에 남은 글은 〈학불염〉이다. 배우는데 실증을 내지 말라는 뜻인데, 〈염불학〉이라고 하면 싫증나면 공부하지 말라는 뜻이기 때문이다, 서강대학교 재학시절 동양사 수업시간에 이 석자를 적으시고, 위에 언급한 것처럼 말씀하시면서 조용히 웃으시던 전해종교수의 깊은 학덕과 여유로움이 떠오르는 글이기도 하다.

楚水三湘接荊門九派
通江流天地外山色有
無中郡邑浮前浦波瀾
動遠空襄陽好風日留
醉與山翁

水邨 朴永錫

見賢思齊

丁未仲夏
水邨朴永錫

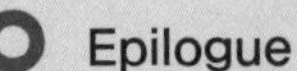

박영석의 마지막 인사*

후학들에게

제가 건강이 좋지 않기 때문에 두서없이 말씀드리겠습니다. 양해해 주시기 바랍니다. 오늘 만주학회에 참석하게 돼서 개인적으로 아주 영광스럽게 생각합니다. 학회의 회장님을 위시해서 임원진, 발표해주실 분과 토론해 주실 분, 참석해 주신 분에 대해서 한없이 고마움을 느낍니다. 반갑습니다.

실은 제가요, 말씀드리기 송구합니다만, 중풍환자입니다. 벌써 11년째 됐습니다. 또 다른 지병들도 있습니다. 이때까지 학회 발표회에도 가보고 싶었지만 건강이 허락하지 않아 참석하지 못했습니다. 11년 만에 학회에 첫나들이입니다. 오늘 만주학회에서 제가 박사학위 논문으로 쓴 만보산사건 80주년을 맞이하여 발표회를 한다고 하여 만사를 제쳐두고 이 자리에 참석하였습니다. 서울에서 하는 각종 모임에도 한번 참석한 적이 없는 제가

* 이 글은 박영석이 만보산사건 80주년을 맞이하여 2011년 5월 13일 대전 카이스트 인문사회학부 회의실에서 열린 만주학회에 참석하여 인사말을 한 내용이다. 후학들이 모인 공식적인 자리에서 한국독립운동사 연구에 매진하게 된 계기와 평생의 학업에 대해 말한 마지막 기록이기에 전제한다.

대전까지 간다고 하니 집식구도 건강이 걱정된다고 말렸습니다. 저는 귀는 잘 들리지 않지만 눈은 그래도 좋은 편입니다. 오늘 후학들에게 많은 것을 배우고 싶습니다. 여러분께 누가 되는 게 아닌가 생각합니다. 이해해 주시기 바랍니다.

오늘 인사를 대신하여 여러분께 한두 가지 말씀을 드리겠습니다. 저희 선고이신 중산(中山) 박장현(朴章鉉) 선생은 젊은 나이인 32세에 돌아가셨습니다. 28세에『이전』(『彛傳』)이라는 책을 출판하였는데요. 그 책의 내용 속에 처음엔 내가 학문밖에 몰랐는데, 나중엔 몸이 있다는 것을 알게 되었다고 라고 되어 있어요. 그리고 몸이 있어도 건강하지 않으면 학문을 할 수 없다고 강조하고 계시더군요. 병이 들고 보니 부친의 이 말씀이 더욱 제 마음에 사무치더군요.

저는 지금도 만보산사건에 대하여 그리고 독립운동사를 연구하고픈 강한 열정을 가지고 있습니다. 그러나 건강이 좋지 않아 연구를 할 수 없어 안타까운 마음 이루다할 수 없습니다. 여러 후학님들께서는 "건강이 최고다"라는 것을 항상 마음에 새기고 학문에 정진해주면 좋겠다고 말씀드리고 싶습니다. 이것이 제가 여러 선생님들께 꼭 당부하고 싶은 얘기입니다. 제 경험에 의하면 학문도 중요하지만 건강을 돌보면서 학문을 해야 한다는 점을 재차 강조하고 싶습니다.

이어서 만보산사건에 대해서 말씀을 드리고 싶습니다. 먼저 제가 만났던 사람들에 대하여 말씀드리겠습니다. 당시에 만보산 현지에서 계약서를 쓴 심형택(沈亨澤)씨라고 있었어요. 이 사람을 만나 대화를 하면서 녹음을 했습니다. 그리고 평양의 만보산사건의 변호사로 유명한 한근조(韓根祖) 씨라고 있었어요. 이 분하고도 만나 녹음을 했습니다. 또 그 당시에 평양경찰서 고등계 형사였던 狩野謙重씨도 만나서 녹음도 하였습니다. 녹음한 것은 현재 보관하고 있습니다.

그리고 자료 및 현지답사를 위해 중국, 일본 등지로 여러 번 다녀왔습니다. 그 당시에는 만보산 자료를 얻기가 매우 어려웠어요. 대만에 처음 갔었어요. 녹음기를 가지고 가는데 한국세관에서 미친 사람이라고 해요. 그 당시에는 외국에서 녹음기를 사가지고 오던 시절이예요. 당신같이 녹음기를 갖고 나가는 사람이 어디 있느냐고 하더군요. 저는 사실 돈이 없었습니다. 만보산사건을 연구할 당시 고등학교 선생으로 홀어머니를 모시고 5남매의 가장이기도 했습니다. 고등학교 선생을 하면서 애들 공부시키며 연구하는 것이 간단한 문제가 아니었어요. 만보산사건을 연구할 때 개인적으로 참 어렵던 시절이었습니다. 왜 이 말씀을 드리는가 하면 현대사는 세월이 흐르면, 당사자들이 돌아가시면 아주 입증하기가 힘들어지기 때문입니다. 그러므로 어려운 가운데서도 열심히 현장도 다니고, 구술작업도 해야 한다는 점을 여러분께 말씀드리고 싶어서입니다.

저희 선친이 학문에 정진해서 한국사를 체계화하기 위해 노력하셨습니다. 그것을 모아 제가 30여 년 전에 『중산전서』를 간행하였습니다. 그런데 그 문집을 읽은 사람이 없어요. 우리 젊은 세대에 한문 잘하는 사람이 아주 드뭅니다. 원전을 읽는 사람이 드물어요. 그래서 번역을 시작했어요. 워낙 양이 많아요. 그러다 보니까 세월이 흘렀어요. 돌아가신 지가 벌써 70년 되었습니다. 제가 태어난 것이 만보산사건 이듬해입니다. 만주국이 탄생한 해이지요.

제가 요사이 선친의 문집 번역작업을 하고 있습니다. 그런 가운데 궁금한 여러 점들이 있습니다. 문집에 등장하는 선친의 친구 분들에 대한 것들 등 여러 사항들이 그러합니다. 제가 좀 더 일찍 이 작업을 시작하였더라면 생존해 계신 선친의 친구 분들께 보다 많은 내용들을 들었을 터인데 하는 아쉬움이 계속 남습니다. 학문도 또한 마찬가지라고 생각됩니다. 한분이라도 생존해 계실 때 많은 이야기들을 듣는 것이 좋을 것 같습니다.

역사하는 사람이 하나 부족한 게요. 오늘 주제 중 특별히 관심이 가는 것이 '문학적 성찰, 역사적 성찰'입니다. 내 자신도 작품을 많이 읽지 못했어요. 만보산 관련 소설이 만주에서도 나오고 일본에서도 나왔는데요. 지식이 풍부하려면 소설을 읽어야 됩니다. 역사와 문학은 동전의 양면인 것 같습니다.

그리고 여기 와서 부끄러운 것은 제가 우리나라에서 『만보산사건연구』(아세아문화사, 1978)를 간행했고, 이 책이 일본과 중국에서 각각 번역되었지만 졸작이라는 점입니다. 오늘 이 자리에 와서 보니 젊은이들이 가히 두렵다는 말이 실감납니다. 열심히 하는 후학들 앞에 굉장히 부끄럽습니다. 저는 공부를 제때 제대로 하지 못하여 실력이 없습니다. 공부할 수 있는 경제적인 뒷받침도 안 됐고요. 머리도 좋지 않고요. 여러 가지 주변 환경도 그렇고 해서, 제대로 공부를 하지 못했어요. 아주 부끄럽습니다.

역사를 공부하는 사람은 철저히 해야 되고요, 열심히 해야 되고요, 시기도 안 놓쳐야 된다는 생각이 들어요. 왜냐하면 선친의 어려운 유고를 번역도 하고 정리도 하고 연구도 하고 죽으려고 하는데 내 나이가 80이니까 참 답답합니다. 옛날에는 60 나이가 되면 대부분 죽는데, 오늘 제가 불치병을 갖고도 안 죽고 살고 있는 것은 내 자신이 자강불식(自强不息)이라, 스스로를 강하게 하는데 쉬지 않고 노력해야 되겠다는 마음가짐 때문이 아닌가 해요. 천리길도 한 걸음부터라는 말이 있지요. 제가 병이 들어 혼자 걷지도 못하면서도 지팡이 짚고 한 발, 열 발, 스무 발, 지금은 어느 정도 걸어요. 나쁜 병을 이렇게 가지고도, 자력갱생을 해야 된다. 내 스스로 노력해서 살아나야 된다. 공부를 해야겠다고 결심해 봅니다. 다리가 마비가 되어 잘 움직이지 않지만 아픈 가운데 학회 가운데 만주학회에 처음으로 와 보았습니다. 11년 만에 학회에 참석한 것이 처음이라 감개무량하네요. 만주지역을 함께 하는 학자들과 함께 하니 더욱 가슴 벅찹니다.

여러분한테 꼭 말씀드리고 싶은 것은 건강해야 됩니다, 학문을 하면서도 몸을 돌보고 운동을 해야 돼요. 몸을 철저히 돌봐야 하고 역사는 시기를 놓치지 않고 열심히 해야 됩니다. 내가 만보산 바람에 돈이 그렇게 없으면서도 만주도 열 번 이상 다녔어요. 만주에 차를 대절해 가지고 독립운동했던 곳을 많이 다녔습니다.

친일인명사전이 세권으로 나왔습니다. 제가 지도위원이라 위원회에서 한질을 증정해 주었습니다. 저는 책이 도착하기 전에 보고 싶어서 돈을 주고 먼저 샀어요. 친일인명사전 읽어보세요. 사람이 공명심을 갖고 지나치게 이익을 추구하는 행동을 하면 정도에서 벗어나는 사람이 됩니다, 친일파가 돼요. 자기 행동을 지혜롭고 근신해야 되고 노력해야 되고, 자기 행동을 자기가 스스로 조심해 가면서 학문도 하고 해야 해요. 학문도 물론 중요하지만 사람이 먼저 돼야 해요. 이름이 나고 좋은 대학에 있다고 해서 반드시 좋은 것이 아닙니다. 인간으로서 학자로서 기본자세가 중요하다고 생각됩니다.

제가 왜 만주를 중요시했느냐. 후에 대한민국임시정부 국무령을 역임한 안동유림 석주(石洲) 이상룡(李相龍)이 나라가 망한 후 만주에 갔는데 그의 문집인 『석주유고』에 '부여국 왕'이란 표현이 있습니다. 무슨 말이냐 하면 일본인이 우리나라를 쳐들어왔을 때 사람이 사람다운 행동을 하지 않으면 인간이 아니다, 개돼지다, 개돼지하고 한 하늘 밑에서 살 수가 있나. 이상룡은 안동의 양반이고 대대로 만석 재산가입니다. 일제 통치하에서도 편안히 국내에서 지낼 수 있음에도 불구하고 가족들을 다 데리고 만주로 망명했습니다.

만주로 망명하는 과정을 기록한 「서사록」(「西徙錄」)을 읽어보면 참말 눈물이 납니다. 만주는 우리의 고토일 뿐만 아니라 조국의 독립을 찾기 위해 피눈물을 머금고 항일투쟁을 전개하기 위해 수많은 인사들이 망명한 곳입니다. 한분 한분의 애절한 사연이 담겨있는 우리 역사의 산 고향이기도 합니다.

『석주유고』「서사록」에 보면 망명한 지도자들은 동포들이 우리말을 잊어버릴까봐 가장 크게 걱정했어요. 우리말을 잊어버리면 우리 민족이 아니라는 인식을 하였던 것이지요. 일본이 십년, 이십년만 더 식민지 통치했으면 우리 민족은 민족정신을 잃어버리게 되고 그러면 외모는 우리동포지만 사실상 한국인이 아니라는 이야기지요. 10여 년 전에 중앙아시아 카자크공화국에 가 보니까 우리 고려인들이 많이 살고 있더군요. 1937년에 스탈린에 의해 강제이주당한 분들이 많이 계셨는데 우리말을 잊지 않고 있는 사람들이 많더군요.

저는 이런 모습을 보면서 철저히 느꼈습니다. 역사를 공부해야 하고 젊은이들에게 올바른 역사를 가르쳐야 한다고 인식했습니다. 그리고 제가 저의 집안이 하나의 밀알이 되고 싶었습니다.

저는 제가 역사를 공부한 것에 대하여 큰 자부심을 갖고 있습니다. 저의 선친도 역사를 공부하셨고, 저의 아이들도 역사를 했고, 손자들도 했으면 해요. 여러분도 역사를 하고 있는 것에 대하여 긍지를 가져야 돼요, 자부심을 가져야 돼요. 저는 학문하시는 분은 모두 형제라고 생각합니다. 같은 동지라고 생각하고 있습니다. 항상 돕고 격려하는 동지적 자세가 필요하다고 봅니다.

참 뵙는 자리에 장황하게 이야기를 하여 죄송합니다. 참 감격스럽고 고맙고 반가워서 말씀 드렸습니다. 앞으로 제가 만주학회에 기여할 수 있는 점이 있다면 힘껏 돕도록 하겠습니다. 자료집은 가져가서 열심히 읽어보겠습니다. 끝까지 있다 가야 되는데 건강이 좋지 않아서 양해해 주십시오.

2011. 5월 13일 / 박영석

독립운동사 연구자인 박영석은 2017년 6월 15일 세상과 이별하였다. 이를 추모하는 기사들을 주요 언론사에서 다루고 있다. 이를 통하여 박영석이 한국독립운동사연구에서 차지하는 비중의 일단을 살펴볼 수 있지 않을까 하여 주요 일간지 보도를 무순으로 기록하였다.

• 중앙일보 •

역대 최장수 국사편찬위원장 박영석 별세

"가문의 전통을 이어나가길 바란다. 인문학의 토대는 역사학이다. 역사정신을 계승해야 민족이 발전할 수 있다."

10년간 국사편찬위원장 역임한 독립운동사 연구의 거장
"가문 전통 이어달라" 유언, 4대째 내려오는 역사학 가문 박환(59) 수원대 사학과 교수는 선친이 남긴 말씀을 묻자 4대째 내려오는 가문의 내력을 말했다. "저희 가문은 할아버지부터 제 자녀까지 역사를 하는 사학 집안입니다. 사학 가문을 일으킨 분이 선친이셨습니다."

박영석 전 국사편찬위원장이 15일 오전 숙환으로 별세했다. 85세. 고인은 만주와 러시아 지역 독립운동사 연구의 권위자였다. 1970~80년대 윤병석 인하대 명예교수, 조동걸 국민대 명예교수, 신용하 서울대 명예교수 등과 함께 한민족 독립운동사 연구를 이끌었다. 대표 저서로 『한민족독립운동사연구』『만보산사건연구』 등이 있다.

고인은 영남대 · 건국대 사학과 교수, 한국사학회장, 한국민족운동사학회장 등을 지낸 뒤 84년 2월~94년 7월 국사편찬위원장을 역임했다. 역대 최장수 국사편찬위원장이다. 재임하는 동안 군사정부가 종식됐고 문민정부가 시작됐다. 그 사이 전두환·노태우·김영삼 등 대통령이 두 번 바뀌었지만, 국사편찬위원장은 바뀌지 않았다. 재임 중에 국사편찬위원회가 국가기관으로 지정됐고, 사료 수집 및 보전 등에 관한 법률이 제정됐다.

고인의 부친 박장현씨는 역사에 천착한 영남 유생이었다. 고인 슬하의 5남매 중에서 4남매가 현재 대학에서 역사를 가르치고 있다. 장남 박환 교수의 딸은 한성대 사학과 강사이고, 아들은 대학에서 역사를 공부하고 있다. 명실상부한 역사학 집안이다. 고인은 마지막까지 고인의 부친이 남긴 문집 '중산전서(中山全書)'를 손에서 놓지 않았다고 한다. 문집에는 '역사는 지배자의 것이 아니라 백성의 것이다'는 가르침이 새겨져 있었다.

유족으로 딸 박주(대구가톨릭대 박물관장) · 박옥(서양화가)씨, 아들 박환 · 박단(서강대 사학과 교수) · 박강(부산외국어대 역사관광학과 교수)씨와 사위 임문혁(계명대 기계자동차공학부 교수), 황종환(한남대 철학과 교수)씨 등이 있다. 빈소 서울 강남세브란스병원 장례식장 3호실. 발인 17일 오전 7시. 장지는 경북 청도.

손민호 기자

• 한겨레신문 •

박영석 전 국사편찬위원장 별세

독립운동사 연구에 평생을 바쳐온 박영석 전 국사편찬위원장이 15일 오전 6시15분 숙환으로 별세했다. 향년 85.

고인은 고려대 문리대를 졸업하고 경희대에서 박사학위를 받았다. 1970년 영남대를 거쳐 이듬해 건국대로 옮겨 97년까지 학생들을 가르쳤다. 84년부터 10년간 국사편찬위원장을 지냈고 건국대박물관장, 한국사학회장, 한국민족운동사학회장도 맡았다.

고인은 윤병석 인하대 명예교수, 조동걸 국민대 명예교수, 신용하 서울대 명예교수 등과 함께 70~80년대 독립운동사 연구를 이끌었고, 특히 만주지역 독립운동사 연구 분야에서 뛰어난 업적을 남겼다. 〈만보산사건연구〉, 〈한민족독립운동사연구〉, 〈항일독립운동의 발자취〉 등의 저서를 집필했고, 학문적 공로를 인정받아 치암학술상과 보훈문화상, 의암대상 등을 받았다.

유족으로는 아들 환(수원대 사학과 교수)·단(서강대 사학과 교수)·강(부산외국어대 역사관광학과 교수)씨, 딸 주(대구가톨릭대 박물관장)·옥(서양화가)씨, 사위 임문혁(계명대 기계자동차공학부 교수)·황종환(한남대 철학과 교수)씨 등이 있다.

빈소는 서울 강남세브란스병원, 발인은 17일 오전 7시다.

김의겸 기자

• 경향신문 •

독립운동사 연구 외길, 박영석 전 국사편찬위원장 별세

독립운동사 연구에 평생을 매진한 박영석 전 국사편찬위원장이 15일 숙환으로 별세했다. 향년 85세.

고려대 문리대 출신인 고인은 1970년 영남대에서 교직생활을 시작했으며 이듬해 건국대로 옮겨 1997년까지 후학을 양성했다. 1984년부터 10년간 국사편찬위원장을 지냈으며 한국사학회장, 한국민족운동사학회장 등을 역임했다.

고인은 윤병석 인하대 명예교수, 조동걸 국민대 명예교수, 신용하 서울대 명예교수 등과 함께 1970~1980년대 독립운동사 연구를 이끌었으며 만주지역 독립운동사 연구 분야에서 많은 업적을 남겼다. 〈만보산사건연구〉 〈한민족독립운동사연구〉 〈항일독립운동의 발자취〉 등의 저서로 치암학술상, 보훈문화상, 의암대상 등을 받았다. 유족으로는 딸 주 대구가톨릭대 박물관장·옥씨(서양화가), 아들 환 수원대 사학과 교수·단 서강대 사학과 교수·강 부산외국어대 역사관광학과 교수, 사위 임문혁 계명대 기계자동차공학부 교수·황종환 한남대 철학과 교수 등이 있다. 빈소는 강남세브란스병원에 마련됐으며 발인은 17일 오전 7시다.

정원식기자

• 동아일보 •

만주지역 독립운동사 연구에 선구적 업적

독립운동사 연구에 평생을 바친 박영석 건국대 명예교수(전 국사편찬위원장·사진)가 15일 숙환으로 별세했다. 향년 85세. 고인은 경북 청도 출신으로 일제강점기 민족주의 사학자였던 박장현(1908~1940)의 아들로 태어났다. 고려대 사학과를 졸업하고 경희대에서 박사학위를 받았다. 영남대 사학과 교수, 건국대 사학과 교수와 박물관 관장, 독립기념관건립추진위원회 기획위원, 한국민족운동사학회 회장, 한국사학회 회장, 중국 연변대 명예교수 등을 역임했다. 1984~1994년 5대 국사편찬위원장을 지냈다.

고인은 만주 지역 독립운동사 연구에서 선구적 업적을 남겼다. 저서로 '만보산사건연구', '재만(在滿)한인독립운동사연구' '한민족독립운동사연구' 등이 있다. 건국대 학술연구상, 치암학술상, 국민훈장모란장 등을 받았다.

유족으로는 딸 주(대구가톨릭대 박물관장) 옥 씨(서양화가), 아들 환(수원대 사학과 교수) 단(서강대 사학과 교수) 강 씨(부산외국어대 역사관광학과 교수), 사위 임문혁(계명대 기계자동차공학부 교수) 황종환 씨(한남대 철학과 교수) 등이 있다. 빈소는 서울 강남세브란스병원, 발인은 17일 오전 7시.

조종엽 기자

• 조선일보 •

한국독립운동사 연구한 1세대 학자 박영석 전 국사편찬위원장

한국독립운동사 연구자이자 국사편찬위원장을 지낸 박영석(85) 건국대 명예교수가 15일 오전 숙환으로 별세했다.

경상북도 청도 출생으로 고려대 사학과와 대학원을 졸업하고 경희대 대학원에서 박사 학위를 받은 박 교수는 영남대 교수를 거쳐 1971년부터 1998년까지 건국대 교수로 재직했다. 한국독립운동사를 본격적으로 연구한 1세대 학자로 특히 만주 지역 독립운동사 연구에 집중해 '만보산사건연구' '재만(在滿) 한인독립운동사연구' '한민족독립운동사연구' '일제하독립운동사 연구' 등의 저서를 냈다. 독립운동사를 연구하는 양대 학회 중 하나인 한국민족운동사학회 회장을 역임했으며 치암학술상과 의암대상을 받았다.

박 교수는 1984년부터 1994년까지 10년간 국사편찬위원장으로 재임하며 서울 남산에 있던 청사를 경기도 과천 정부종합청사 옆으로 신축 이전하고 국편을 차관급 기관으로 격상시키는 동시에 조직과 연구 인력을 대폭 확충하는 등 국편의 위상을 높이는 데 크게 기여했다. 이는 그가 당시 정치를 주도하던 대구·경북 출신 인사들과 돈독한 관계를 가졌던 것이 큰 힘이 됐다.

박 교수는 온 가족이 함께 역사를 공부하고 토론하는 학자 집안으로도 유명하다. 대를 이어 한국독립운동사를 연구하는 장남 박환(수원대) 교수를 비롯해 장녀 박주(대구가톨릭대·한국사), 차남 박단(서강대·서양사), 삼남 박강(부산외국어대·동양사) 교수 등 서양화가인 차녀 박옥씨를 제외한 자녀들이 모두 역사학자이다. 빈소는 서울 강남세브란스병원 3호실, 발인은 17일 오전 7시.

이선민 선임기자.

엮은이

박주

경북 청도 출생

대구가톨릭대학교

역사교육학과 명예교수

조선시대 유교문화사 및 여성사 전공

미국 오하이오 주립대학교 객원교수

미국 UCLA 대학교 객원교수

국사편찬위원회 위원

한국여성사학회 회장

조선사연구회 회장

경상북도 문화재위원회 위원

대구광역시 문화재위원회 위원

성균관청년유도회 대구광역시본부 전문위원

대구가톨릭대학교 박물관장,

안중근연구소장을 역임하였으며, 현재

(사)역사. 여성. 미래 공동대표와 (사)국채보상운동기념사업회

이사 및 여성분과위원장으로 활동하고 있다

박환

경북 청도 출생

고려학술문화재단 이사장.

한국독립운동사전공. 수원대학교 사학과 교수, 한국민족운동사

학회 회장 등을 역임하였다.